Weihrauch und Myrrhe

Dieter Martinetz Karlheinz Lohs Jörg Janzen

Weihrauch und Myrrhe

Kostbarkeiten der Vergangenheit im Licht der Gegenwart

Akademie-Verlag Berlin

Dr. Dieter Martinetz
Prof. Dr. Karlheinz Lohs
Forschungsstelle für Chemische Toxikologie
der AdW der DDR, Leipzig

Dr. Jörg Janzen
Berlin (West)

ISBN 3-05-500501-5

Erschienen im Akademie-Verlag Berlin, Leipziger Str. 3-4, Berlin, DDR-1086
© Akademie-Verlag Berlin 1989
Lizenznummer: 202 · 100/484/89
Printed in the German Democratic Republic
Gesamtherstellung: VEB Druckhaus Köthen, Köthen, 4370
Lektor: Christiane Grunow
Gesamtgestaltung: Martina Bubner
LSV 1356
Bestellnummer: 763 835 1 (9120)
02800

Inhalt

Unseren Frauen gewidmet

Vorwort

Angesichts einer immer schneller voranschreitenden, spektakulären Technik in nahezu allen Lebensbereichen und einer fast sklavischen Ergebenheit der Menschen in den hochentwickelten Industriestaaten gegenüber dem, was beliebig an- und ausschaltbar, steuer- und regelbar oder automatisierbar ist, mutet es — auf den ersten Blick — möglicherweise etwas „hinterwäldlerisch" an, sich mit Weihrauch und Myrrhe zu befassen. Die Autoren dieses Buches sind jedoch davon überzeugt, daß gerade .in unserem Computer-Zeitalter, in der Welt der Mikrochips, der Gentechnik und der Weltraumfahrt eine Besinnung auf jahrtausendealte Kostbarkeiten aus dem Pflanzenreich, auf Kulturgüter und Handelsprodukte der Vergangenheit nicht nur ihre Berechtigung, sondern für die Ursprungsländer dieser Güter sogar eine wirtschaftliche Zukunft besitzt.

Für uns im okzidentalen Kulturkreis sind Weihrauch und Myrrhe außer von geographischem, historischem und ethnographischem Interesse auch von naturwissenschaftlichem Reiz, denn sie bergen noch viele chemische und biologische Geheimnisse und sind damit noch immer eine Herausforderung an die Naturwissenschaftler. Nicht zuletzt waren und sind mit der wirtschaftlichen Nutzung sowie dem Handel von Weihrauch und Myrrhe sozio-ökonomische und handelspolitische Fragen und Probleme sowie Möglichkeiten der wirtschaftlichen Hilfe für die Verbreitungsgebiete verknüpft. Die Erschließung neuer Einsatzmöglichkeiten als Arzneimittel oder als Ingredienzien für Kosmetika ist dabei ebenso von Interesse wie die Vertiefung unseres Wissens über europaferne Kulturkreise der Vergangenheit und der Gegenwart.

Dem Leser wird bei der Lektüre auffallen, daß in einigen Kapiteln der Behandlung des Weihrauches eine größere Aufmerksamkeit zuteil wird. Diese Tatsache liegt einzig und allein darin begründet, daß erheblich mehr Literatur und Bildmaterial zur Weihrauch- als zur Myrrhe-Thematik verfügbar sind, und daß auch bei den Autoren bisher die Weihrauchforschung im Vordergrund des Interesses stand.

Aufgrund der Tatsache, daß die Hauptherkunftsgebiete von Weihrauch und Myrrhe im südarabisch-nordostafrikanischen Raum liegen, wo vor allem arabisch und somalisch gesprochen wird, standen die Autoren vor dem Problem, für die dort gebräuchlichen Eigennamen eine möglichst einheitliche und verständliche Schreibweise zu benutzen. Was die Umschrift der arabischen Bezeichnungen betrifft, so wurde im großen und ganzen die im deutschsprachigen Raum verbreitete Schreibweise verwendet. Aus Gründen der besseren Lesbarkeit hielten es die Verfasser jedoch für angeraten, durch Weglassen einiger diakritischer Zeichen auf eine strengen, wissenschaftlichen Normen gerecht werdende Transliteration zu verzichten. Beibehalten wurden jedoch Betonungsstriche bei Vokalen sowie das Setzen eines Häkchens (') für den arabischen Buchstaben 'ain und für das hamza. Bei gängigen geographischen Eigennamen wurde die im deutschsprachigen Raum übliche Schreibweise beibehalten.

In der somalischen Schriftsprache steht in Anlehnung an das Arabische für das im Rachen gesprochene „h" ein „x" und für das „'ain" ein „c". Betonte Vokale werden durch Buchstabenverdopplung kenntlich gemacht.

Die Autoren hoffen, daß es ihnen gelingt, ihren Lesern zu zeigen, daß Kenntnisse und Erfahrungen der Wissenschaften sowie des Handels wesentliche Elemente der Kultur sind. In diesem Sinne soll dieses Buch ein alternatives Lesevergnügen bieten, und es soll dabei in des Wortes voller Bedeutung populärwissenschaftlich bilden. Möge es dem Leser die gleiche Freude bereiten, wie sie die Autoren in ihrer Zusammenarbeit beim Studium der Quellen, bei der Auswahl der Abbildungen und beim Schreiben ihrer Texte empfunden haben.

Den an der Geschichte des arabischen Weihrauch- und Myrrhehandels interessierten Leser möchten wir noch auf die 1981 bei Longman, London and New York und Librairie du Liban, Beirut erschienene Monographie „Frankincense and Myrrh. A Study of the Arabian Incense Trade" von Nigel Groom hinweisen, die leider erst nach Fertigstellung des Manuskriptes vorliegenden Buches in unsere Hände gelangte.

An dieser Stelle möchten wir Frau Renate Zylka, Berlin (West) für die freundliche Überlassung der Abb. 5.9 und Frau Regina von Fürstenmühl, Visselhövede für die Abbildungen 5.10 und 5.12 danken. Herrn Dietrich Graf von der Fotographischen Abteilung des Museums für Völkerkunde Berlin (West) danken wir für seine Unterstützung bei der Durchführung der Fotoarbeiten, Frau Bärbel Hilgendorff und Frau Helga Wunderlich für ihr Engagement bei den Schreibarbeiten.

Leipzig und Berlin (West)   Dieter Martinetz,
                             Karlheinz Lohs, Jörg Janzen

Über Wohlgerüche und Räucherwerk in der Kulturgeschichte

1

Räuchern, Riechen und Rausch stehen nicht nur sprachlich, sondern auch inhaltlich in einem engen Zusammenhang, und die emotionale Widerspiegelung der mit dem Riechen verknüpften Erlebniswelt zieht sich wie ein „roter Faden" durch alle Kapitel dieses Buches.

Vieles, was über Weihrauch (auch Olibanum) und Myrrhe mitgeteilt werden wird, ist von beispielhafter Aussage für die kulturgeschichtliche Bedeutung der Wohlgerüche im allgemeinen sowie des Räucherwerks in seinen besonderen Anwendungsweisen für kultische oder hygienische und andere profane Zwecke.

Unter den Sinnen des Menschen ist sein Geruchssinn für ihn von existenzieller Bedeutung; der Geruchssinn ist aufs engste mit seiner Lebensfähigkeit und der Arterhaltung verknüpft. Der elementare Charakter des Geruchssinns zeichnete sich — viel stärker als es beim Geschmackssinn der Fall ist — von Anbeginn bereits durch eine starke Differenzierungsfähigkeit und damit durch ein signifikantes Wertungsvermögen aus.

Die Rolle des Wohlgeruches im Sinne eines positiven Geruchserlebnisses war schon in den Anfängen der Menschwerdung sowohl an das Auffinden als auch an das Unterscheiden von Nahrung gebunden. In der engen physiologischen Verflechtung des Riechens und Schmeckens bei der Nahrungsaufnahme einerseits sowie der elementaren Empfindung des Riechens beim Akt der Partnersuche und Fortpflanzung andererseits wurde Wohlriechendes — und damit die Genußfähigkeit in einer immer bewußter angestrebten Steigerung — geradezu zu einem der wesentlichen Kennzeichen des Menschen als Individuum mit der ihm eigenen „Lebenskultur".

Niemand vermag zu sagen, wann in diesen sich über die Jahrtausende erstreckenden Vorgängen der Mensch begonnen hat, seine Erlebniswelt der Genüsse kreativ zu gestalten und zu erweitern. Ebensowenig ist altertumsgeschichtlich festzulegen, in welchem Frühstadium der Entwicklung der Mensch begonnen hat, den Wohlgerüchen per se seine Aufmerksamkeit zuzuwenden. Möglicherweise erwuchs das Verlangen nach Wohlgerüchen nicht unmittelbar aus den mit der Nahrungsaufnahme oder mit der Fortpflanzung verknüpften Geruchsstimuli, sondern entsprang den frühen Erfahrungen, die der Mensch mit heilkräftigen Kräutern und anderen therapeutisch genutzten Naturstoffen gemacht hatte. Ganz sicher aber wird die Geruchswelt unserer frühesten Vorfahren entscheidend durch den Gebrauch des Feuers geprägt worden sein. Noch bevor der Mensch das Feuer bewußt für sich zu nutzen lernte, erlebte er die Macht des Feuers nicht nur als zerstörendes Element, sondern er nahm auch wahr, daß Brennendes mit spezifischen Gerüchen verbunden ist. Brandgerüche, die ihn bis zur Unerträglichkeit belästigten, die ihm Gefahr signalisierten und ihn damit vor Unheil warnten, kennzeichneten die Sinneswelt des frühen Menschen — aber auch Gerüche von brennenden Hölzern der Sträucher und Bäume, die er als angenehm und wohltuend empfand. So war es naheliegend, daß er solche Gerüche bewußt zu erzeugen versuchte und sie damit für mehr oder minder sinnvolle Zwecke einzusetzen begann.

Sicherlich stand an der Spitze solcher sinnvollen Zwecke die Nutzung der Geruchsstoffe als Heilmittel. In den Händen Kundiger wurden Heilwirkungen mit kultischen Prozessen der Geisterbeschwörung und anderen Frühformen priesterlicher Handlungen verknüpft. Hieraus oder parallel dazu erwuchsen die Erfahrungen und Erkenntnisse, Wohlgerüche durch Manipulationen einfachster Art, wie beispielsweise durch milde Formen des Verbrennens, also durch Räuchern, nicht nur heilkräftig zu nutzen, sondern ihre Wirkungen in ausgewählten Fällen bis zu rauschartigen Empfindungen zu steigern. Rauch und Rausch begannen, im Leben der Menschen eine bis auf den heutigen Tag wesentliche Rolle zu spielen. Dabei trat im Verlauf der Zeit gegenüber den massiven Rauschgenüssen der Wohlgeruch oftmals in den Hintergrund (man denke nur an den Tabakgenuß); die bewußte Erzeugung und gezielte Nutzung von Wohlgerüchen beschritt hingegen eigene und sehr spezifische Entwicklungswege. Jedoch gibt es bis in unsere Zeit hin fließende Übergänge,

14

die das Reich der Wohlgerüche mit kultischen Prozessen ebenso verbinden wie mit speziellen Therapieformen (Aromatherapie) oder mit unterschiedlichen Rauschzuständen bis hin zu suchtmäßigen Erscheinungsformen [1.1–1.3].

Der Weihrauch spielt in diesem Kaleidoskop der Gerüche und des Räucherns eine kulturhistorisch besonders bemerkenswerte Rolle, auf die in den späteren Kapiteln dieses Buches ausführlich eingegangen wird, ebenso wie uns auch die Myrrhe viele kulturgeschichtliche Einblicke in die Welt wohltuender und der Heilung dienender Prozesse gewährt [1.4, 1.5].

Beim Lesen dieses Buches sollte man allerdings nie vergessen, daß es sich um Darlegungen zweier mit biologisch aktiven Verbindungen befaßter Chemiker sowie eines Geographen und Ethnologen handelt, also eines Wissenschaftlerteams ungewöhnlicher Zusammensetzung. Ebenso wichtig ist es, darauf hinzuweisen, daß die Betrachtungsweise der Autoren im geistigen Klima des Okzidents und nicht des Orients verwurzelt ist. Okzident und Orient haben bis heute ein oftmals emotional sehr verschiedenes Verhältnis zu den Fragen, die den Erlebnisbereich der Genüsse, des Rausches und damit zwangsläufig auch der ihnen zugrunde liegenden Mittel sowie des nichtreligiös gebundenen Gebrauchs betreffen.

Dies ist ein vorrangig naturwissenschaftlich orientiertes Buch, das sich in einer Umwelt der Computer und der unterschiedlichsten Hochtechnologien scheinbar einer nahezu „fossilen" Thematik zuwendet. Wie arm wäre aber eine Welt ohne Wohlgerüche, ohne Weihrauch und ohne Myrrhe — sie wäre ebenso arm wie eine Welt ohne Schmetterlinge und ohne Bienen, ohne empfindende Menschen. Der empfindende Mensch, der einst die Weihrauchstraße schuf und der heute seine Wege buchstäblich auf „himmlischen Bahnen" um unsere Erde zieht, ja, der in absehbarer Zeit auch erdferne Räume durchqueren wird, er mag sich noch so weit und schnell von seinen irdischen Ursprüngen entfernen, den balsamischen Wohlgerüchen des Weihrauches und der Myrrhe kann er sich wohl nie entziehen.

Etwas zur Physiologie und Psychologie des Geruchssinns

2

Ein hochgradig begabter und vorgebildeter Musiker vermag aus der Partitur einer Bach-Kantate gleichsam mit seinem „inneren Ohr" die Klänge herauszuhören und nur mit diesem gedruckten Notenbild vor Augen sich auch ein „Klangbild" zu machen. Einem Chemiker, wie hochbegabt und bestausgebildet er auch immer sein mag, wäre es unmöglich, sich aus den nebeneinander geschriebenen Strukturformeln das „Geruchsbild" eines Duftstoffgemisches zu machen. Am ehesten könnte sich noch ein Parfümeur bei Angabe der — chemisch meist sehr komplexen — Ausgangsstoffe den Geruchseindruck vorstellen. Niemals aber könnte er ihn gleich einem Notenbild fixieren. Allerdings ist es ein Phänomen, wie stark ausgebildet (und auch trainierbar) das „Geruchserinnerungsvermögen" mancher Menschen ist, ohne daß man hierfür eine biochemische Erklärung hat.

Obwohl man heute mit Bestimmtheit weiß, daß die Auslösung des Geruchsreizes letztlich eine nervale Antwort hochspezialisierter Rezeptorzellen unseres Geruchsorgans auf einen chemisch definierten Stoff oder ein Stoffgemisch ist, kann nach dem gegenwärtigen Kenntnisstand das biophysikochemische Reaktionsgeschehen der Geruchswahrnehmung nicht in hinreichende Struktur-Wirkungs-Bilder gefaßt und schon gar nicht nach Art und Menge der chemischen Einzelkomponenten quantifiziert werden.

Trotz dieses „Offenbarungseides" der Chemie und der Physiologie ist es sinnvoll und für das Eindringen in die „Geruchswelt" nützlich, wenn nachfolgend ein kurzer, vereinfachter Überblick zum derzeitigen Wissen über Riechvorgang und Geruchswahrnehmung gegeben wird. (Auf die inzwischen existierenden zahlreichen Geruchstheorien einzugehen, ist weder im Rahmen einer derart knappen Darstellung möglich noch angesichts des wissenschaftlich „schwankenden Bodens" der bisherigen Kenntnisse zweckmäßig.)

Vergegenwärtigen wir uns zunächst die Anatomie der Nase und des Nasenraumes als Basis des Riechsystems des Menschen. (Am Rande sei vermerkt, daß bei Tieren das Riechsystem höchst unterschiedlich sein kann.) In Abb. 2.1 ist ein stark vereinfachter Schnitt durch den Kopfbereich des Menschen mit dem Nasen-Rachen-Raum als anatomischem Sitz des Riechsystems gegeben. Der von der Atemluft durchströmte Bereich ist punktiert. Die Nasenmuscheln in der Nasenhöhle werden von der die Riechstoffe enthaltenden Luft durchwirbelt. Im oberen Teil der Nasenhöhle, dem sogenannten olfaktorischen Bereich (Regio olfactoria), befindet sich das Riechepithel, welches durch die Siebbeinplatte mit dem Bulbus olfactorius des Vorderhirns in Verbindung steht. Jede Nasenhälfte des Menschen besitzt etwa 10 Millionen Riechnervenzellen. Die Riechnervenzellen sind mit sekundären Nervenzellen in einem Knäuel verflochten (auf etwa 1 000 periphere Riechzellen kommt eine sekundäre Nervenzelle im Gehirn), wobei jede sekundäre Nervenzelle in noch nicht aufgeklärter Weise auf ganz bestimmte Gruppen von Riechstoffen reagiert und dem Gehirn die entsprechenden Signale gibt, die im sogenannten Geruchsfeld des Gehirns die eigentliche summarische Geruchsempfindung auslösen, die damit in unser Bewußtsein tritt.

Selbst dieses sehr stark vereinfachte Bild ist noch höchst verwirrend. Aus der Sicht der Physiologie sind die Riechzellen im Vergleich zu anderen Nervenzellen recht einfache Gebilde; sie sind Rezeptoren und Nervenzellen in einem. Mittels einiger (meist sechs bis acht) Flimmerhärchen pro Riechzelle sind sie in ständigem Kontakt mit der Außenwelt. Die Länge dieser Flimmerhaare beträgt 100 μm, ihr Durchmesser 0,1 bis 0,2 μm. Damit wird immerhin eine für die aktive Chemorezeption der Duftstoffe beachtliche Gesamtoberfläche von 400 Quadratzentimetern erreicht. Wie der nach chemischer Reizung durch den Geruchs- bzw. Duftstoff ausgelöste elektrische Impuls als codierte Information über die Nervenbahnen in das Gehirn geleitet und dort entschlüsselt, d. h. in eine Geruchsempfindung umgewandelt wird, die uns ins Bewußtsein tritt und individuell unterschiedlich (auch) als Geruchserinnerung über Jahre oder gar Jahrzehnte hin „gespeichert" werden kann, liegt trotz der

18

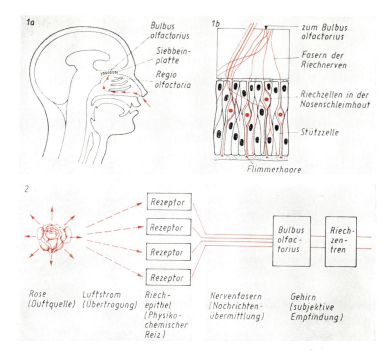

großen Fortschritte der Sinnesphysiologie im allgemeinen und der Elektrophysiologie im besonderen noch völlig im dunkeln. Wenn man in späteren Jahrzehnten einmal tiefer in diese Zusammenhänge eindringen wird, als es mit den derzeit über zwanzig Geruchstheorien (besser sollte man sagen Hypothesen) möglich ist, dann werden daraus auch technische Konsequenzen ableitbar werden.

Einige Sätze sollen hier noch zur Demonstration des Geruchssinns des Menschen bzw. zur Leistungsfähigkeit des olfaktorischen Systems der Nase eingefügt werden.

Theoretisch sollte ein einzelnes Molekül eines Riechstoffes in der Lage sein, einen sinnesphysiologischen Reiz auf das olfaktorische System auszuüben, so wie vergleichsweise der kleinstmögliche Reiz für das Auge ein einzelnes Lichtquant ist. Wenn wir unsere Betrachtungen auf das Riechvermögen des Menschen beschränken, so ist zunächst die Feststellung erforderlich, daß der Mensch gegenüber manchen Tieren ein ziemlich schwach ausgeprägtes (man könnte auch sagen entwicklungsgeschichtlich verkümmertes) Riechvermögen besitzt. Trotzdem sind die von unserer Nase noch wahrnehmbaren Duftkonzentrationen (besser als Reizschwellenkonzentration bezeichnet) doch recht erstaunlich (siehe Tab. 2.1). Die exakte Messung solcher Werte (Olfaktometrie) ist in den letzten Jahrzehnten beachtlich entwickelt worden. Sie kann jedoch hier nicht beschrieben werden; es muß dies der Spezialliteratur überlassen bleiben, da wir uns sonst zu weit von unserem eigentlichen Thema entfernen würden. Es soll hier jedoch der berühmte deutsche Chemiker Emil Fischer (1852–1919) zitiert werden, der sich in seinen weitgespannten Untersuchungen auch mit einem der bis heute intensivsten Riechstoffe, dem Ethylmercaptan, befaßt hatte und mit Blick auf die seinerzeit empfindlichste chemische Nachweismethode, die Spektralphotometrie, feststellte: ,,Bei unserem Versuch war der Mercaptangehalt der Luft (0,01 mg auf 230 m³) ungefähr 250mal geringer als der Natriumgehalt bei dem Versuch von Kirchhoff und Bunsen.'' Nun, heute ist die analytische Chemie in Nachweisbereiche vorgestoßen, die zu Emil Fischers Zeiten nicht vorstellbar waren. Trotzdem ist die menschliche Nase nicht nur das älteste Analysegerät des Chemikers, sie ist auch in unserem elektronischen Zeitalter der ,,Ultramikroanalysentechnik'' noch immer eines der empfindlichsten Anzeigesysteme für geruchsintensive organische Substanzen. Für den auf dem Gebiet der Riechstoffe und Aromen arbeitenden Chemiker ist es äußerst reizvoll (in des Wortes doppeltem Sinn), daß er strukturspezifische Riechstoffe zu synthetisieren vermag, mit denen er — in gewissen Grenzen — gezielt Geruchssinnes-

Tab. 2.1: Geruchsschwellenwerte einiger ausgewählter Riechstoffe (nach G. Ohloff, 1971)

Riechstoff	Reizschwellen-konzentration in Luft (g/l)	Anzahl der wahrnehmbaren Moleküle in 1 Liter Luft
Ethylmercaptan	$4,5 \cdot 10^{-14}$	$2,67 \cdot 10^8$
Scatol	$3,5 \cdot 10^{-13}$	$7,26 \cdot 10^7$
Buttersäure	$8,8 \cdot 10^{-13}$	10^9
Vanillin	$5,0 \cdot 10^{-12}$	$3,29 \cdot 10^9$
Muscon	$1,0 \cdot 10^{-12}$	$4,31 \cdot 10^9$
α-Ionon	$1,0 \cdot 10^{-10}$	$5,20 \cdot 10^{10}$
Naphtalin	$4,0 \cdot 10^{-9}$	$3,12 \cdot 10^{12}$
Phenol	$1,2 \cdot 10^{-9}$	$1,27 \cdot 10^{12}$
Menthol	$0,87 \cdot 10^{-6}$	$5,58 \cdot 10^{14}$

eindrücke sozusagen „auf Bestellung" erzeugen kann. Wir haben einer Arbeit von Günther Ohloff [2.1], einem bekannten Riechstoffexperten, einige willkürlich ausgewählte Beispiele für strukturspezifische Riechstoffe, die heute mittels der chemischen Technik zugängig sind, entnommen (vgl. Formelschemata 2.1 bis 2.7) Zweifellos spielen die Riechstoffe im Tierreich für die Entwicklungsgeschichte sinnesphysiologisch vor allem als Sexuallockstoffe die größte Rolle. In den letzten Jahren sind hierzu faszinierende Erkenntnisse gewonnen und ganz neuartige Möglichkeiten auch in technischer Hinsicht (bis hin zur industriellen Tierproduktion und der hochspezifischen Schädlingsbekämpfung) entwickelt worden. Mit zu dem Erstaunlichsten der modernen Naturwissenschaften zählt die Erkenntnis, daß es für das Heimfinden der Brieftauben eine auf atmosphärischen Spurenstoffen beruhende „Geruchsnavigation" gibt, die anscheinend alles, was man bislang über den Mechanismus molekularer Wahrnehmung wußte, neu zu überdenken erfordert!

Wir werden im Verlauf der weiteren Behandlung unseres Themas ganz zwangsläufig noch mehrfach auf die Rolle der Riechstoffe und Aromen für das Wohlbefinden der Menschen und damit auch auf die Rolle des Geruchs in den Partnerbeziehungen wie auch der kollektiven Stimulation, z.B. für kultische Handlungen, hinzuweisen haben.

An dieser Stelle seien noch einige Anmerkungen zur Psychologie des Geruchssinns gemacht, weil damit deutlich werden soll, daß „das Aroma des Lebens" nicht nur eine den Dichtern obliegende Überhöhung in der sprachlichen Ausdrucksweise, sondern ein Grundphänomen unserer Existenz und ein wesentlicher Faktor im „Umweltbewußtwerden" der Menschen ist. Der Leser mag zunächst darüber erstaunt oder gar befremdet sein, wenn nachfolgend die dufterfüllte Welt des Weihrauches und der Myrrhe (scheinbar!) verlassen und ein Sprung in unser von industriellen „Düften" erfülltes Zeitalter gemacht wird. Es erscheint uns jedoch notwendig, das kulturhistorische Bild des Weihrauches und der Myrrhe sozusagen kontrapunktisch mit der Umweltproblematik unserer Tage zu untersetzen.

Nahezu in jedem Industriegebiet kommt es zeitlich und örtlich zu erheblichen Überschreitungen der Geruchsschwellenwerte unterschiedlichster chemischer Produkte und Abprodukte, wie jeder selbst erleben kann, der in solchen Gebieten wohnt oder sie durchfährt. (Es kann dabei als sicher angenommen werden,

daß hierbei auch eine Überschreitung der Grenzwerte für ge-
ruchlose Schadstoffe in gleicher Weise stattfindet!) Allein schon
die als Belästigung empfundenen Konzentrationen stark riechender Produkte und Abprodukte verursachen (ohne Berücksichtigung der eigentlichen Schädigung bestimmter Organfunk-
tionen im Sinne subakuter oder chronischer Vergiftungen) bei
den Menschen in solchen Gebieten — obwohl die Bewohner
dort einiges „gewöhnt" sind — zeitweise eine gereizte Stimmung, die sich entweder in lautstark geäußertem Ärger oder
gedrückter Stimmung, leichter Ermüdbarkeit und ungenügender
Konzentration äußern kann. Vergleichbar mit der Überschreitung eines gewohnten Geräuschpegels, reagiert der Organismus
auf diese als Geruchsstoffe in Erscheinung tretenden Fremdstoffe mit einem „Spannungszustand". Nicht unwesentlich ist
hierbei, daß eine emotional oftmals übersteigerte „Öko-Dis-
kussion" in den Massenmedien die Bevölkerung ganz generell
in den letzten Jahren regelrecht übersensibilisiert hat und sie

Formelbild 2.1: Typische
Vanillinriechstoffe

1: Vanillin
2: Isovanillin
3: Anisaldehyd
4: 4-Nitro-guaiacol
5: 4-Cyano-guaiacol
6: Heliotropin
7: Benzaldehyd-p-isothiocya-
nat

mit einer „Fremdstoff-Angst" belastet. Dabei werden vor allem die geruchsintensiven Fremdstoffe völlig undifferenziert mit Schadstoffen gleichgesetzt, d.h., überall, wo es in industrienahem Gebiet „riecht", wittern die Öko-Fanatiker Tod und Verderben, so daß breitere Schichten der Bevölkerung auch bei physiologisch harmlosen Geruchseffekten gleich das Schlimmste für ihr leibliches Wohlbefinden befürchten. Doch unabhängig von diesen Überzeichnungen in unseren Tagen, konnte man schon in früheren Jahren bei vielen Chemiearbeitern die Bereitschaft feststellen, lieber täglich zwei bis drei Stunden Bahn- und Busfahrt ins Werk in Kauf zu nehmen, nur um die Freizeit in einer weniger chemisch belasteten Umgebung (wie relativ dies auch sein mag) genießen zu können. Darüber befragt, sprechen sie vom „chemischen Streß", dem sie entfliehen möchten.

Formelbild 2.2: Verbindungen mit moschusähnlichen Geruchseigenschaften

1: 5α-Androst-16-en-3-on
2: Zibeton
3: Xylol-Moschus
4: Indian-Moschus
5: Isochroman-Moschus
6: 2-Hydroxyimino-4-methyl-valeriansäureethylester

Aber auch im räumlich eng begrenzten Bereich des Arbeitsplatzes und des häuslichen Freizeitbereiches können spezielle chemische Substanzen, insbesondere solche mit unangenehmen Geruchseffekten, ebenfalls einen Zustand erzeugen, der als chemischer Streß aufzufassen ist. Beispiele sind die von Nichtrauchern als widerwärtig empfundenen Gerüche nach verbrannten Tabakerzeugnissen (insbesondere sogenannter kalter Rauch), der Geruch in ungenügend gelüfteten Hinterhöfen, der Geruch von Garküchen, Fisch- und Fleischerläden, Bierkneipen und so weiter. Gelegentlich wird sogar der spezifische Geruch eines einzelnen Menschen als abstoßend empfunden. (Im übertragenen Sinne kommt dies in einer Redewendung zum Ausdruck: ,,Ich kann den oder die nicht riechen.") Es gibt Menschen, die schon deshalb in einer Klinik nicht restlos gesunden, weil sie den ty-

Formelbild 2.3: Riechstoffe der α-Ionon-Reihe

1: trans-α-Ionon (blumig)
2: cis-α-Ionon (holzartig)
3: trans-α-Damascon (blumig)
4: cis-α-Damascon (holzartig)

Formelbild 2.4: Würzige Riechstoffe der Salicylat-Reihe

1: Salicylsäuremethylester (Wintergrünöl)
2: 1-(o-Hydroxyphenyl)-butan 1-on
3: 1-Hydroxy-2-propionyl-cyclohex-1-en

24

pischen Krankenhausgeruch als eine Art Dauerstreß empfinden. Erwachsene verfallen in ihre alten Schulängste, wenn sie nur den Geruch der alten „Penne" wieder wahrnehmen. Letztlich ist auch der Wunsch der Großstädter und Bewohner von Industriegebieten nach „reiner" Ferienluft eine Art Flucht vor dem chemischen Streß ihrer alltäglichen „Geruchs-Umwelt".

Im Hinblick auf die Bewertungsproblematik „schädlich oder unschädlich für die Gesundheit" ist der Sachverhalt insgesamt vorerst noch schwer durchschaubar, weil der Organismus ein individuell differenziertes Adaptionsvermögen hat. Dies läßt sich beim Vergleich verschieden stark chemisch belasteter Berufs-

Formelbild 2.5: Riechstoffe der Valencan-Reihe

1: Nootkaton (grapefruitartig)
2: iso-Nootkaton (holzartig)
3: β,γ-Nootkaton (grapefruit-artig)
4: 1,10-Dihydronoot-katon (fruchtig)
5: α-Vetivon (blumig-wachs-artig-holzartig)

Formelbild 2.6: Riechstoffe des Röstaromas

1: 2,5-Dimethyl-4-hydroxy-3(2H)-furanon
2: 2-Hydroxy-3,5-dimethyl-cyclopent-2-en-1-on

25

gruppen demonstrieren (z.B. Chemiearbeiter, Maler, Tapezierer, Lackierer, Gerber, Galvaniseure, Tankwarte u.a.). Erfahrungen zeigen, daß die chemische Belastbarkeit in gewissen Grenzen trainierbar ist, aber nur substanzspezifisch bzw. gruppenspezifisch erfolgt, d.h., ein Lackierer ist hinsichtlich der Geruchsbelastung zwar relativ unempfindlich gegen Lösungsmitteldämpfe (was einen berufsbedingten Leberschaden jedoch keinesfalls ausschließt!), aber er empfindet „berufsfremde" chemische Geruchseinwirkungen gleichermaßen intensiv unangenehm.

Interessant ist auch die tageszeitliche Abhängigkeit von geruchsintensiven chemischen Belastungen, wie man das in Industriegebieten beobachten kann. Die „dicke Luft" wird von den Arbeitern und Anwohnern am Morgen wesentlich unangenehmer empfunden als nachmittags oder abends. Bislang ist nicht hinreichend bekannt, ob es in dieser Hinsicht chronobiologische Rhythmen gibt, bzw. sind derartige biorhythmische Erscheinungen erst in den Anfängen erforscht. Seit längerem weiß man, daß die tageszeitlich unterschiedliche „chemische Reaktionslage" des Organismus z.B. in den unterschiedlichen Toxizitätswerten bei Tierversuchen einen eindrucksvollen Niederschlag findet. Auch für den Menschen wurden in den letzten Jahren Belege für chronobiologisch gesteuerte Giftungs- und Entgiftungsprozesse (z.B. bei Pharmaka und Alkohol) erbracht, jedoch stecken Chronopharmakologie und Chronotoxikologie vorerst noch in den Anfängen.

Hinzu kommen noch die vorerst schwer einzuordnenden bioklimatischen Faktoren (Gewitterfronten, Föhn, Luftkolloidgehalt usw.), die sämtlich die chemische Reaktionsbereitschaft des Organismus beeinflussen und damit in eine umwelttoxikologische Bewertung ebenfalls einzubeziehen sind, wenn es um chemischen Streß und um damit verknüpfte chronobiologische Phänomene geht.

Formelbild 2.7: Riechstoffe des Brotes

1: Isomaltol
2: 2,5-Dimethyl-3(2H)-furanon
3: 2-Acetyl-1,4,5,6-tetrahydropyridin

Um hier aber wieder auf die Welt der angenehmen Düfte zurückzukommen, darf man daran erinnern, daß auch die edelsten Parfüme ihre tageszeitlichen Besonderheiten besitzen. Es wird wohl keiner kultivierten Frau sinnvoll erscheinen, ihre Reize bereits am Vormittag durch ein „schweres" Parfüm hervorzuheben, dessen Wirkung viel besser am Abend zur Geltung kommt. Auch der in der Duftwelt bewanderte Mann weiß, daß sich ein lavendelhaltiges Gesichtswasser wohl für die morgendliche Pflege, nicht aber für abendlichen Damenbesuch eignet, weil ihm dann eine herbe Sandelholz- oder Moschusnote weit wirkungsvoller „zu Gesicht steht".

Wir können diese skizzenhaften Ausführungen zur Physiologie und Psychologie des Geruchssinns dahingehend zusammenfassen, daß für den Menschen der Geruchssinn eine sowohl entwicklungsgeschichtlich wie auch kulturgeschichtlich wesentliche Rolle gespielt hat und bis auf den heutigen Tag spielt. Über die Jahrtausende hinweg haben die Menschen um die oftmals geheimnisvollen Wirkungen der Gerüche gewußt, haben sie nach angenehmen Geruchsstoffen und dafür geeigneten Einsatzmitteln in Form unterschiedlichster Kosmetika gesucht. Aber sie haben auch geahnt, daß es Zusammenhänge zwischen Gerüchen und Krankheiten gibt. Sie machten sich (und dies ist noch heute der Fall) den sehr viel stärker ausgeprägten Geruchssinn mancher Tiere zunutze (z. B. Spürhunde zum Suchen Verschütteter oder zum Auffinden von Rauschdrogen, für Jagdzwecke und als Zirkusattraktionen). Doch trotz dieser vielfältigen „Einsatzformen" der Geruchsstoffe und der zentralen Bedeutung des Geruchssinns für das Leben des Menschen ist er in die biochemischen und biophysikalischen Prozesse, die dem Riechen zugrunde liegen, noch nicht sehr tief eingedrungen. Einer Vielzahl von Hypothesen sowie einer Reihe von mehr oder minder plausiblen Theorien über die komplexen Vorgänge bei der Wahrnehmung von Geruchsstoffen steht mit einer Fülle von Kenntnissen über Einzeltatsachen eine nur sehr schmale Basis von tatsächlichen wissenschaftlichen Erkenntnissen gegenüber. Man darf gespannt sein, was hier die Sinnesphysiologie und die Verhaltensforschung an neuen Erkenntnissen über die „Urphänomene" der Geruchswelt in den nächsten Jahren und Jahrzehnten bringen werden.

Über einige Balsame und Harze in Vergangenheit und Gegenwart

3

Die Verwendung von Balsamen und Harzen reicht bis in die Steinzeit zurück. Die Menschen nutzten die Harze in verschiedenster Weise; so wurden in vorgeschichtlichen Gräbern im südlichen Schweden als „Räucherkuchen" bezeichnete Harzklumpen gefunden, die angezündet nach Weihrauch, Myrrhe und Bernstein riechen. 1964 analysierte Wilhelm Sandermann von der Bundesforschungsanstalt für Forst- und Holzwirtschaft in Reinbeck (BRD) Proben dieser Harze und fand eine signifikante Übereinstimmung mit Pech, das er aus Birkenrinde hergestellt hatte. Aus anderen archäologischen Befunden weiß man, daß in der Vorzeit Birkenpech aus zusammengerollter Rinde unter kontrollierter Luftzufuhr im Schwelbrand destilliert wurde. Es diente u. a. zum Verkleben von Feuersteinspitzen an Jagdwaffen oder Feuersteinschneiden an Werkzeuge und zur Reparatur von Tongefäßen. Man nimmt heute an, daß ein solcher Klumpen zunächst von den Menschen gekaut wurde, so daß dieser „Kitt" durch die Speichelenzyme und die mechanische Bearbeitung mit den Zähnen plastisch und damit gebrauchsfähiger wurde.

Der wohl älteste Fund eines solchen Harzbrockens mit Zahnabdrücken wurde in Dänemark gemacht und auf die Zeit um 7200 v. u. Z. datiert. Aus der Art verschiedener Abdrücke glaubt man schlußfolgern zu können, daß das Harz — ähnlich dem heutigen Kaugummi — nicht nur zur Reinigung und Kräftigung der Zähne, sondern auch als Genußmittel geschätzt wurde [3.1].

Harze und Balsame haben in allen Kulturepochen der Menschheit ihren Platz gehabt und mehr oder minder Bedeutung besessen. Allerdings sind die Zeitzeugnisse sehr unterschiedlich, oftmals mehr zufällig, weil entsprechende Funde der Archäologen dies nur am Rande mit erfassen und die schriftlichen Dokumentationen sowie darin festgehaltene Überlieferungen äußerst lückenhaft sind. So bleiben die frühen Jahrtausende weitgehend im dunkeln, und erst die letzten zwei- bis dreitausend Jahre lassen auch zur Kulturgeschichte der Balsame und Harze hinreichend verläßliche Aussagen zu.

Die Bedeutung der natürlichen Balsame und Harze erreichte im klassischen Altertum einen Höhepunkt. Hauptsächlich die Medizin profitierte von den zahlreichen tatsächlichen oder vermeintlichen Wirkungen der Harze. Daneben hatten aber auch die damalige Parfümerie und einige Gebiete der frühen Technik außerordentliches Interesse an den Harzen, den in ihnen enthaltenen ätherischen Ölen und anderen Harzprodukten. [3.2–3.5]

Bevor wir in der Historie der Balsame und Harze fortfahren, ist es zweckmäßig, daß wir uns zunächst einigen Definitionen zuwenden. Unter einem Balsam versteht man die Auflösung eines natürlichen Gemisches aus Harzen (Harzalkohole, Harzester, Harzsäuren phenolische Resinotannole, ungesättigte Resene) in ätherischen Ölen, die dickflüssig aus Stämmen verschiedener Baumarten (teils freiwillig, teils durch Einschnitte) austreten. Nach dem Verdampfen des ätherischen Öles erhärten die Harze zu meist amorphen Massen, die glasartig durchscheinend sind. Das Ausscheiden der Harze aus einem Balsam kann auch durch Abdestillieren der ätherischen Öle bewirkt werden. Nach diesem Verfahren erfolgt beispielsweise die Gewinnung von Kolophonium aus Terpentin. Umgekehrt kann man natürlich auch durch Auflösen eines Harzes in einem Gemisch ätherischer Öle Balsame herstellen; wir kommen darauf noch zurück. Manchmal sind Harze auch mit Gummi, Eiweißkörpern, Kautschuk u.ä. vermischt, sie werden dann als Gummi- oder Schleimharze bezeichnet.

Harze haben eine Reihe besonderer Eigenschaften: Sie sind bei Normaltemperatur meist fest, amorph (formlos) und von gelber bis brauner Farbe. Beim Erwärmen werden sie weich und klebrig und schmelzen schließlich zu einer klaren Flüssigkeit, die beim Trocknen zu einem dunklen Lack erstarrt. Sie sind widerstandsfähig gegen Fäulnis und unlöslich in Wasser. Von vielen Reagenzien und von atmosphärischen Einflüssen werden sie praktisch nicht verändert. Dadurch eignen sie sich für verschiedene technische Zwecke. Auch in der Medizin werden sie, zum Beispiel zur äußerlichen Wundbehandlung sowie als Kleberharze in Pflastern und innerlich als Abführmittel, angewandt. So dienen zur Herstellung von Wundverschlüssen und Pflastern u. a. Kolophonium, Olibanum, Myrrhe, Mastix und Dammar.

Die früher in breitem Maße und heute noch vereinzelt in Technik und Pharmazie angewandten Harze stammen zum einen aus Pflanzen mit sogenannten „Exkretbehältern"; es sind physiologische Harze. Sie entstehen in speziellen Zellen als mikroskopisch sichtbare, kleine Tröpfchen und werden durch die Zellwände in Harzkanäle ausgeschieden. In den Exkretbehältern ist das Harz in ätherischen Ölen oder flüssigen Estern (Balsame) oder als Emulsion in einer wäßrigen Phase verschiedener Substanzen (wie Schleim oder Gummi) gespeichert. Bei verschiedenen Pflanzen mit Exkretbehältern werden nach mechanischer Verletzung spontan noch zusätzliche Harzmassen als natürliche „Wundverschlüsse" gebildet; bekanntestes Beispiel sind hier die Koniferen [3.6].

Im Unterschied zu solchen physiologischen Harzen werden von Pflanzen, die keine Exkretbehälter besitzen, nach Verletzung sogenannte pathologische Harze gebildet; Beispiele dafür sind der Perubalsam und das Benzoeharz.

In der älteren Literatur (bis zum Anfang unseres Jahrhunderts, teilweise noch bis vor wenigen Jahrzehnten) wurde der Begriff „Balsam" fälschlicherweise auch für verschiedenste pastös-flüssige Arzneimittelzubereitungen verwendet, obwohl diese keine echten, d. h. natürlichen, Balsame enthielten. Als Beispiele seien genannt: der „Schwefelbalsam", der nichts weiter als in Leinöl gelöster Schwefel war; ferner der aus Ethylalkohol und diversen ätherischen Ölen bereitete „Hoffmannsche Lebensbalsam" sowie der sogenannte „Wundbalsam" aus Ethanol, Essig, Thymianöl und Myrrhe. Bekanntestes Beispiel eines nahezu rein synthetischen „Balsams" ist das Rheumamittel Balsam-Acht® (eine Mischung aus Nicotinsäurebenzylester, Histamin, Salicylsäureamylester, Menthol und einem hohen Anteil an Paraffinöl sowie Isopropylalkohol).

Unter den natürlichen Balsamen und Harzen sind über die Jahrtausende hinweg das Olibanumharz (Weihrauch) sowie das Gummiharz aus den Myrrhesträuchern von großer medizinischer sowie kulturgeschichtlicher Bedeutung gewesen. Dies wird in den folgenden Kapiteln ausführlich erörtert werden.

Nachfolgend seien — zur Einstimmung in diese Thematik — einige ausgewählte Beispiele „klassischer" Balsame und Harze vorgestellt [3.7]. Danach folgt dann die Beschreibung von Balsamen und Harzen aus der Pflanzenfamilie „Burseraceae"; es ist dies die Familie, zu welcher auch die Weihrauch und Myrrhe produzierenden Bäume und Sträucher gehören.

Hier also zunächst einiges über „klassische" Balsame und Harze. Durch besonders ausgeprägte Harzkanäle (bis zu 2 cm stark!) zeichnen sich südamerikanische *Copaifera*-Arten aus, die vorwiegend in Brasilien, Venezuela und Kolumbien gedeihen. Es sind die Produzenten des lange Zeit sehr geschätzten Kopaivabalsams, von dem man meinte, daß er anregend auf alle Schleimhäute und stimulierend auf die Geschlechtsorgane wirke. Dies erscheint durchaus möglich und mag auf einen hohen Anteil an Sesquiterpenen wie Caryophyllen und Cadinen zurückzuführen sein. Technisch wurde der Balsam bis vor wenigen Jahren noch zur Herstellung von Lackfirnissen und Pauspapier sowie für die Seifenparfümierung verwendet; heute sind diese Anwendungsgebiete auf rein synthetische Substanzen übergegangen.

Sehr geschätzt war weltweit auch der Perubalsam, ein dickflüssiger, angenehm nach Vanillin und Benzoe riechender Balsam aus *Myroxylon*-Arten, die hauptsächlich im nördlichen Südamerika und in Mittelamerika beheimatet sind (insbesondere in El Salvador, Nicaragua, Guatemala, Honduras und Costarica). In Lateinamerika wird dieser Balsam noch heute produziert und hochgeschätzt. Aus dem Brockhaus-Conversations-Lexicon von 1885 erfährt man, daß Perubalsam nicht nur als Arznei gegen verschiedene innere Krankheiten sowohl innerlich als auch in Salben und Pflastern sowie zur Parfümbereitung diente, sondern vor der Entdeckung des synthetischen Vanillins „bei geringen Chokoladesorten statt der Vanille" verwendet wurde. Perubalsam diente im vergangenen Jahrhundert auch zur technischen Benzylalkoholgewinnung. Als Kuriosität sei erwähnt, daß im Jahre 1521 Papst Pius V. gestattete, den Perubalsam sowohl für Räucherungen als auch im heiligen Öl der Kirche als Ersatzmittel für den durch Raubbau knapp gewordenen Weihrauch und den seit jeher knappen Mekkabalsam einzusetzen. Heute ist Perubalsam gelegentlich noch in einigen pharmazeutischen Spezialitäten (z. B. zur Ekzembehandlung sowie bei Geschwüren und Frostbeulen) anzutreffen. Auch in der Parfümerie findet er noch begrenzt Anwendung.

Der Tolubalsam — ebenfalls aus *Myroxylon*-Arten Kolumbiens und Venezuelas — war bis 1882 offizineller Balsam. Er riecht angenehm vanillin- und benzoeartig; das hauptsächlichste Einsatzgebiet war und ist die Parfümerie (als Tolubalsamöl mit hohem Benzylcinnamat-Gehalt).

Das Galbanumharz aus *Ferula*-Arten, auch Gummi galbanum genannt, ist, wie aus der Bibel hervorgeht, schon seit dem frühen Altertum bekannt. Theophrast von Eresos (372–287 v. u. Z.) erwähnte dieses Harz als Produkt Syriens. Der aus Spanien stammende Arzt Pedanios Dioskurides (Mitte 1. Jh.) meinte, daß Galbanum beim Verbrennen giftige Bestien verjage und — in die Haut eingerieben — vor deren Biß schütze. Heute wird Galbanumharz vereinzelt noch zur Seifenparfümierung sowie in der Homöopathie verwendet.

Weitaus bekannter noch war in der Vergangenheit der Asant (Asa foetida), das Harz von verwandten *Ferula*-Arten, z. B. *Ferula assa foetida* L. [3.8]. Anscheinend kannten die klassischen alten Völkerschaften zwei Arten, eine wohlriechende und wohlschmeckende, die von den Griechen als Sylphion, von den Römern als Laserpitium bezeichnet wurde, und eine andere von unangenehmem Geruch. Die angenehm duftenden Asantarten gibt es schon seit Jahrhunderten nicht mehr; man weiß von ihnen nur aus der Literatur. Die knoblauch- und zwiebelartig riechende Asantart erhielten Griechen und Römer vorwiegend aus Medien (heute nordwestlicher Teil Irans). Bei diesem Asant dürfte es sich um die noch heute bekannte Art gehandelt haben. Die erste ausführliche Beschreibung des Asantstrauches findet sich in Engelbert Kämpfers (1651–1716) 1712 in Lemgo erschienenem Werk „Amoenitatum exoticarium politico-physico medicarum". Die wesentlichen Produktionsgebiete liegen in Iran und Afghanistan, aber auch in Irak und Kasachstan, wo das Harz auch heute noch ausgiebig als Gewürz Verwendung findet. Im Altertum und Mittelalter hatte es aber hauptsächlich große medizinische Bedeutung, und noch Anfang unseres Jahrhunderts war es in nahezu allen Pharmakopöen offizinell als Nervinum und Antispasmodikum aufgeführt. Von Interesse ist ferner, daß Asa foetida bis zur Mitte des 19. Jahrhunderts in Hessen, Württemberg und Schwaben als Gewürz geschätzt wurde und selbst in Nationalgerichten, wie Blutwurst, Leberwurst und hessischem Hammelbraten, nicht gefehlt hat.

Das Harz Euphorbium aus der marokkanischen *Euphorbia*

resnifera Berger ist heute kaum noch bekannt, es wurde innerlich als drastisches Reinigungs- und Abführmittel verabreicht. Der Staub des Harzes reizt zum Niesen und führt zu bedenklichen Hautentzündungen, die gegebenenfalls sogar krebsartige Formen annehmen können.

Mastixharz, vorwiegend aus *Pistacia lentiscus* L. (Südeuropa und Nordafrika), fand als Räucherpulver und in der Medizin zur Fixierung von Wundverbänden, zur Bereitung spezieller Zahnfüllungen für kariöse Zähne, als Bestandteil desodorierender Mundwässer und Zahncremes und (in angelsächsischen Ländern) zur Regulierung der Aloewirkung von Abführpillen An-

Abb. 3.1: Die Gewinnung des Stinkasants (Teufelsdreck) aus *Ferula assa foetida* im Mittelalter durch Abtragen von Wurzelscheiben und Abschaben des erhärteten Latex (nach E. Kämpfer: Amoenitatum exoticarum politico-physico medicarum, fasc. V. Lemgoviae 1712)

wendung. In der Technik diente Mastixharz bis vor wenigen
Jahren noch zur Firnisherstellung, zur Bereitung spezieller Kitte
sowie bis heute für spezielle Lacke und Firnisse zur Gemälde-
restaurierung. Es hat einen aromatischen Geruch und einen
bitter-gewürzartigen Geschmack. Das Harz erweicht beim
Kauen und diente den Frauen des Orients dazu, das Zahnfleisch
zu stärken und den Atem frisch zu halten.

Styrax (auch als Storax bezeichnet) ist ein Balsam aus *Liquidambar*-Arten, die sowohl in Kleinasien als auch Amerika vorkommen (z.B. *Liquidambar orientalis* Mill., *L. styraciflua* L.). Der
Geruch ist charakteristisch balsamisch. Technisch war Styrax
lange Zeit die wichtigste Quelle für die Gewinnung von Zimt-
alkohol.

Einige Bemerkungen zum bekannten Benzoeharz. Der internationale Drogenhandel führt bis heute aus hinterindischen und
indomalayischen *Styrax*-Arten gewonnenes Benzoeharz in verschiedenen Sorten, wie Siamesische Mandelbenzoe, Kalkutta-
benzoe oder Sumatrabenzoe. In Pillenform, Emulsionen und
Tinkturen fand es bis in unser Jahrhundert als antiseptisches
Mittel Verwendung; es dient derzeit noch als Räuchermittel
sowie zur Bereitung von Kosmetika. Die jahrzehntelange technische Nutzung zur Herstellung von Benzoesäure ist heute allerdings obsolet.

Nun zu einem Harz ganz anderer Art. Unter der Bezeichnung
„Drachenblut" wurde jahrhundertelang eine Reihe roter Harze
gehandelt. Schon Pedanios Dioskurides (1. Jh.) und Gaius Plinius Secundus (23–79) erwähnten das Harz unter diesem Namen. Letzterer beschrieb es als das „Blut der durch die Schwere
der sterbenden Elefanten zerdrückten Drachen". Es handelt sich
dabei vermutlich um das schon den alten Ägyptern bekannte
Drachenblut von der Insel Socotra (das „Kinabari" der
Griechen und Römer). Mit der Inbesitznahme der Kanarischen
Inseln durch die Spanische Krone im Jahre 1402 tauchte neben
dem socotrinischen auch ein kanarisches Drachenblut als spa-
nisches Handelsprodukt auf dem Markt auf. Schließlich gelangte im 18. Jahrhundert noch ein weiteres Drachenblut-Harz
aus Sumatra nach Europa. Stammpflanze des socotrinischen
Harzes ist *Dracaena cinnabari* Balf. Fil.; des kanarischen *Dracaena draco* L. und des sumatrischen *Daemonoropos draco* Blume
(*Calamus draco* Willd.) u.a. [3.9]. – Lange Zeit hatte Drachenblut Bedeutung in der Lackbereitung und für die Medizin. Hier

wurde es als austrocknendes Mittel, als Mittel gegen Speichelfluß, Lungenauswurf, starken Schweiß und Durchfall geschätzt; äußerlich diente es vor allem zur Wundbehandlung und zur „Behandlung" von Skorbut.

Weitere Balsame und Harze, die in unseren Tagen in der Literatur erwähnt werden und noch eine eingeschränkte medizinische oder homöopathische Anwendung finden, sind Aloe aus in Afrika, Arabien und Westindien gedeihenden *Aloe*-Arten, Guajakharz aus dem südamerikanischen *Guajacum officinale* L. und Ammoniacum aus dem iranischen *Dorema ammoniacum* D. Don.; ferner Harze zur Gewinnung spezieller Lacke, wie Sandarac aus australischen *Callitris*-Arten, Japanlack aus dem ostasiatischen *Rhus vernicifera* DC. oder Acaroidharz aus australischen *Xanthorrhoea*-Arten.

Zum Abschluß sei ein bis heute allgemein bekannter, mehr oder minder dickflüssiger Balsam erwähnt, das Terpentin. Dieser Balsam tritt aus harzreichen Kiefernarten aus, wie der in den USA beheimateten Sumpfkiefer *Pinus palustris*, der chinesischen Rotkiefer *Pinus massoniana* sowie der in Frankreich vorkommenden Art *Pinus maritima*. Aber auch andere Koniferen dienen als „Quelle" für Terpentin. Noch im vergangenen Jahrhundert handelte man die unterschiedlichsten Sorten, so das Terpentin aus der Gemeinen Kiefer und Tanne, das feinere, durchsichtigere Straßburger Terpentin aus der Weißtanne, das französische Terpentin von Bordeaux aus der Strandkiefer. Diese Aufzählung ließe sich über das amerikanische, karpatische, ungarische bis zu dem als feinste Sorte angesehenen venetianischen (aus der Lärche) und cyprischen Terpentin verlängern (Letzteres stammt allerdings aus keinem Nadelholz, sondern von der Therebinthenpistazie und war bereits im vergangenen Jahrhundert kaum noch unverfälscht zu haben.). Die feinen Terpentine wurden offizinell meist in Form von Salben und Pflastern als reizende Mittel eingesetzt. Die weniger wertvollen Sorten nutzte man technisch zur Herstellung von Siegellacken und bereitete durch Destillation Terpentinöle für allgemeinmedizinische und für technische Zwecke. Aus dem Destillationsrückstand erhält man das Kolophonium, das bis vor wenigen Jahrzehnten vielseitigen technischen Einsatz fand und daneben auch in Salbenmischungen für schlecht heilende Wunden und Geschwüre, in Haarpomaden und Enthaarungsmitteln, als Zusatzstoff in der Seifenherstellung (Erhöhung der Schaumbildung), zur Abdichtung oder zum Bestreichen von Transmissionsriemen und Geigenbögen verwendet wurde.

Kiefernharz und Terpentinöl sind bis heute wertvolle Rohstoffe mit vielfältiger Anwendung. Die Weltproduktion an Kiefernharz liegt heute bei mehr als 1 Million Tonnen pro Jahr, die von Terpentinöl bei 250000 Tonnen pro Jahr. Die größten Produzenten sind China, die UdSSR, USA, Portugal, Mexiko und Indien. An der Spitze liegt China mit etwa 350000 Tonnen Balsamkolophonium und nahezu 100000 Tonnen Terpentin pro Jahr [3.10, 3.11].

In den nun folgenden Kapiteln werden wir uns den Balsamen und Harzen der Burseraceen zuwenden und damit der Weihrauch- und Myrrhe-Thematik im engeren Sinne.

Die Balsame und Harze
der Burseraceen

4

Nach C. Wehmers 1931 erschienenem Buch „Die Pflanzenstoffe" umfaßt die Familie Burseraceae über 300 Arten tropischer Holzpflanzen [4.1]. Sie enthalten in den Exkretgängen der Rinde aromatische Balsame bzw. Harze. Viele dieser Balsame und Harze sind schon seit ältester Zeit bekannt und wurden in vielfältiger Weise angewendet. Im folgenden wird davon noch ausführlicher zu berichten sein.

Im Bekanntheitsgrad an der Spitze stehen das Olibanum- oder Weihrauchharz aus *Boswellia*-Arten sowie das Myrrheharz aus Vertretern der Gattung *Commiphora*. Aber selbst bei diesen beiden Harzen sind bis heute noch zahlreiche Unklarheiten zu beseitigen. Das liegt teils an nicht genau bekannten Herkünften der jeweilig untersuchten Produkte, an den unterschiedlichen Bezeichnungen in den jeweiligen Sammelgebieten (aus denen sich dann wiederum differierende botanische Bezeichnungen für ein und dieselbe Pflanzenart ergaben) und teils auch daran, daß nach Europa meist nicht die ursprünglichen Harze, sondern Harzmischungen gelangen, oder daß einige der in früheren Jahrhunderten geschätzten Pflanzenprodukte heute kaum oder gar nicht mehr gehandelt werden.

Dies trifft beispielsweise auf den Mekkabalsam zu, der in der Vergangenheit großes Ansehen genoß und auch als Arabischer Balsam (wahrscheinlich jedoch nicht identisch mit dem Balsam von Gilead der Bibel und dem Plinius'schen Balsam von Judäa) oder einfach nur als „Balsam" bezeichnet (und damit auch zum Namensgeber der Balsame insgesamt) wurde. Schon Anfang unseres Jahrhunderts kam der bekannte Pharmakognost Alexander Tschirch (1856–1939) zu der Feststellung, daß der echte Mekkabalsam kaum noch unverfälscht zu haben sei [4.2,

4.3]. Der Geruch des reinen Mekkabalsams galt als angenehm aromatisch und erinnerte an Koniferenharze, der Geschmack war bitter-kratzend und brennend. Er zählte zu den Kostbarkeiten des Pflanzenreiches und wurde medizinisch (z.B. bei Lungenleiden, Brustschmerzen und bronchitischen Erkrankungen) genutzt. In seiner arabischen Heimat galt er besonders als spezielles Mittel gegen weibliche Unfruchtbarkeit. Auch als Kosmetikum und für Einbalsamierungen war der Balsam geschätzt. Bis heute werden dem ursprünglichen Mekkabalsam nahekommende Mischungen in homöopathischen Zubereitungen eingesetzt. Bis zur Einführung des Perubalsams wurde er auch in den christlichen Kirchen im heiligen Salböl für rituelle Handlungen gebraucht.

Berühmt waren im Altertum die Balsamgärten von Jericho (heute Westjordanien) und Matarea (Ägypten). Es wurde streng darauf geachtet, daß der durch Einschnitte gewonnene Balsam verlustlos an den Sultan, den Besitzer des Gartens, abgeliefert wurde. Dieser legte fest, welcher Teil für Geschenke vorzusehen war und welcher Anteil an Hospitäler ging. Je nach der wirt-

Abb. 4.1: Sehr bekannt war im Altertum der Balsamgarten von Matarea: Hier ein Janitschare des Sultans mit dem Mekkabalsam liefernden Strauch *Commiphora opobalsamum* (nach P. Pomet: Der aufrichtige Materialist und Spezerey-Händler, Leipzig 1717)

40

schaftlichen Lage ist dann noch ein weiterer Teil gewinnbringend verkauft worden [4.4].

Als Stammpflanze beschreibt A. Tschirch [4.3] *Commiphora opobalsamum* (L.) Engl. (*Balsamodendron opobalsamum* Knth., *B. gileadense* Knth., *Amyris gileadense* L.; *C. opobalsamum* (L.) Engl., var. *gileadensis* (L.) Engl. u.a.) einen einst auf beiden Seiten des Roten Meeres, in Arabien, an der nubischen Küste und in Abessinien heimischen Strauch, der auch in Ägypten und Syrien kultiviert wurde. Neben dem Balsam wurden auch das Holz als „Balsamholz" und die Früchte als „Balsamkörner" gehandelt.

Beim Olibanum americanum haben wir es nicht mit Weihrauchharz zu tun, sondern vermutlich mit dem Harz von südamerikanischen *Protium*- (*Icica*-) Arten, die aber auch Conimaharz, Elemisorten und Tacamahacarten liefern sollen [4.1]. Der Weihrauch von Cayenne (Chayenne) soll von der im tropischen Amerika gedeihenden Art *Protium guianense* March. (*Icica guaianense* Aubl.) stammen und wird als Elemisorte angesehen [4.1]. Einige neuere Handbücher geben *Protium guaianensis* (Aubl.) March. (*P. guayanense* March., *Icica guayanense* Aubl.) in Guayana, Venezuela und Brasilien als Lieferanten für Olibanum americanum, Cayenne-Weihrauch, Cayenne-Tacamahac und Guayana-Elemi an [4.5, 4.6]. Das Harz wird als weihrauchähnlich beschrieben. *Protium heptaphyllum* (Aubl.) March. (*Icica heptaphyllum* Aubl., *I. tacamahaca* H. B. K.) aus dem tropischen Südamerika soll ebenfalls Olibanum americanum, Cayenne-Weihrauch, Rotes Animeharz, Kolumbianisches Tacamahac und Conimaharz liefern [4.5].

Die Anzahl der Elemisorten ist bislang kaum vernünftig zu systematisieren [4.1]; hauptsächlich kommen sie aus Afrika, Ostasien und Westindien. Die fenchelartig riechenden Harze werden noch gelegentlich in Reizsalben und als Zusatz zu Räuchermitteln sowie technisch als Weichmacher für Lacke und als Farbzusatz verwendet. Nach „Hagers Handbuch der pharmazeutischen Praxis" [4.5] gilt die vor allem auf den Philippinen gedeihende Burseracee *Canarium luzonicum* (Blume) Gray als Stammpflanze des offizinellen und am meisten gebräuchlichen Manila- (oder Philippinen-) Elemi. Nahe verwandt mit dieser ist die früher als Stammpflanze angesehene *Canarium commune* L. Nach C. Wehmer [4.1] soll diese das Nauliharz von den Salomoninseln liefern.

Das Bdelliumharz wurde unterschieden in afrikanische Ware, die von *Commiphora africana* Engl. (*Balsamodendron africanum* Arn.) stammen soll, und indisches Bdellium, das verschiedentlich als falsche Myrrhe bezeichnet wurde [4.1, 4.5, 4.6] (vgl. S. 89).

Das Gommartharz [4.1] stammt aus südamerikanischen und westindischen *Bursera*-Arten (wie *Bursera gummifera* (L.) Arn. = *B. simaruba* (L.) Sarg. auf den Antillen); es diente teilweise als Mastixersatz und wurde verschiedentlich auch als amerikanisches Elemi bezeichnet [4.6].

Wehmer führt für Räucherungen ferner das ostindische Copal aus *Canarium bengalese* Roxb. an und beschreibt das Black Dammar-Harz aus den moluccischen Arten *Canarium strictum* Roxb. [4.1] und *C. rostratum* [4.1, 4.5, 4.6]. Nach neueren Angaben [4.5, 4.6] geht das ostindische Copal allerdings nicht auf eine Burseracee zurück, sondern stammt von der Dipterocarpacee *Vateria indica* L.

Zu den Burseraceen-Balsamen rechnet man auch den Hedwigiabalsam aus dem in Westindien, Mexiko und Südamerika gedeihenden Baum *Hedwigia balsamifera* SW. (*Bursera balsamifera* Pers.); Rinde, Holz und Wurzeln dieses Baumes wurden früher als Fiebermittel verwendet.

Weniger bekannt sind und waren der „flüssige" Lagabalsam, angeblich aus dem in Teilen Indiens wachsenden *Canarium eupteron* Miq.; der elemiartige Maalibalsam der samoischen Art *Canarium samoense* Engl. sowie der Aracouchinibalsam aus Guayana und Brasilien, der als Wundmittel und Antiseptikum wirkt. Lieferant ist *Protium aracouchini* (Aubl.) March. (*Icica heterophylla* DC.; *I. aracouchini* Aubl.) [4.1, 4.5].

Aber nicht nur die Balsame und Harze der Burseraceen wurden verwendet, auch andere Produkte dieser Gewächse. Beispiele dafür sind das Linaloeöl aus dem mexikanischen Linaloebaum (*Bursera delpechiana* Poiss.) [4.1, 4.6], das sesquiterpenreiche moluccische Rasamalaöl aus *Canarium microcarpum* Willd. [4.1] oder das aromatische Colophonholz aus *Bursera paniculata* Lam. (*Canarium paniculatum* BTH., *Colophonia mauritiana* DC.) [4.1].

Von der Herkunft und dem Handel mit Weihrauch und Myrrhe

5

Die ältesten verläßlichen Nachrichten über den grenzüberschreitenden Drogenhandel liegen uns aus Babylon, wo die Karawanenstraßen aus Indien, Arabien und Syrien zusammentrafen, sowie aus Ägypten vor (vgl. auch S. 103) [5.1–5.4].

Im altbabylonischen Sippur (Sippar) der Zeit um 2250 v. u. Z. haben die Drogenhändler vermutlich schon in einer ihrer Zunft zugewiesenen Gasse gewohnt. Der Auftrag eines Händlers an einen seiner Agenten aus dieser Zeit legt Zeugnis davon ab, daß der Handel sehr ausgedehnt war; so lautete z. B. eine Order des Händlers, „für 10 Sekel Cypressenöl, für 3 Sekel Myrrhenöl und für 5 Sekel Zederzöl von außerhalb zu besorgen" [5.2].

In der Bibel [5.5]* finden sich ebenfalls Hinweise auf den Drogenhandel: Eine Schar Ismaeliter aus Gilead mit ihren Kamelen, „die trugen Würze, Balsam und Myrrhe und zogen hinab nach Aegypten" (1. Moses 37, 26); das Hohelied Salomos (IV, 14) nennt „Narde und Safran, Kalmus und Zimmt mit allerlei Bäumen des Weihrauchs und Aloe mit allen besten Würzen".

Bis ins frühe Mittelalter herrschte die Ansicht, die Heimatländer der Drogen seien identisch mit den Völkern, die den Handel mit diesen in ihren Händen hielten. Da der Weihrauch- und Myrrhehandel über das Mittelmeer zum großen Teil von den Phönikern (Phöniziern, Phoinikern) betrieben wurde, meinte man, die Harze kämen aus dem (heutigen) syrisch-libanesischen Gebiet. Vermutlich gaben die Phönikier selbst bestimmte Handelswaren als Landesprodukte aus, um deren eigentliche Herkunft zu verheimlichen [5.4]. Sie brachten die Harze vor allem über das Rote Meer nach dem ägyptischen Hafen Kosseir (Kusseir), aber auch zu Lande nach Palästina. Ebenso versorgten sie Persien und Babylonien.

* die Bibel erwähnt Weihrauch 22 Mal

43

Bezüglich der Herkunft ist einer der frühesten konkreten Hinweise in den Reden des Propheten Jeremia zu finden, also in der Zeit um 600 v. u. Z. So klagt er (6,20): „Was soll mir denn der Weihrauch, der aus Saba' kommt?" [5.6]. Über den Kameltransport nach Palästina berichtet auch schon der seit 740 v. u. Z. in Jerusalem wirkende Jesaja im Alten Testament (Jesaja 60,6): „Die Haufen der Kamele werden dich überfluten, sie werden alle von Saba' herbeikommen: Gold und Weihrauch werden sie bringen."

Der erste antike Schriftsteller, der die tatsächliche Heimat des Olibanumharzes nannte, war der Grieche Herodot (um 484–425 v. u. Z.), der ausschließlich Arabien, das „äußerste Land der

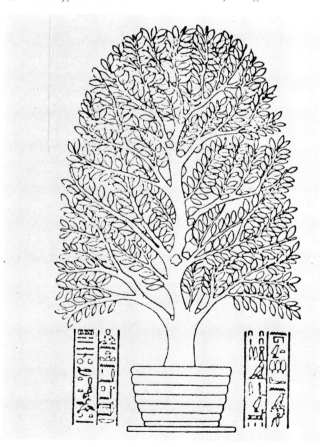

Abb. 5.1: Darstellung eines Weihrauchbaumes im Grabtempel der ägyptischen Königin Hatschepsut (1504–1483 v. u. Z.) in Dēr el-Baharī. Die Inschrift lautet in einer der Übersetzungen: Grünende Weihrauchbäume 31 Stück, herbeigeführt unter den Kostbarkeiten für die Majestät Gottes Amon, des Herrn der irdischen Throne. Niemals ist ähnliches gesehen worden seit der Erschaffung des Weltalls (Nachzeichnung)

44

Erde im Süden" anführte. Später finden sich dann viele weitere und exaktere Angaben. Immer wieder wird dabei das Königreich von Saba' bzw. das Sabäerreich hervorgehoben, das wichtigste im alten Südarabien. Es bestand schon im ersten Jahrtausend v. u. Z. Herodot nennt Arabien ebenfalls als Myrrheproduzenten, wo der Myrrhebaum am Fuße der Berge auch kultiviert würde.

Theophrast von Eresos, der Begründer einer „Pflanzengeographie", schreibt in seiner „Historia plantarum" [5.7], daß Olibanum und Myrrhe auf der Halbinsel der Araber, in der Gegend von Saba', Adramȳta (Hadramaut, Hadhramaut), Kitībaina (vermutlich Qatabān oder Dhofar) und Mamāli (Südwestarabien) gedeihen, sowohl wild im Gebirge als auch kultiviert am Fuße des Gebirges. Die Weihrauchernte werde in den Tempeln des Sonnengottes gesammelt und verkauft. Vermutlich hatte sich die Priesterschaft das Handelsmonopol gesichert.

Nach W. W. Müllers Ausführungen in „Paulys Realencyclopädie der klassischen Altertumswissenschaft" [5.4] war vor allem das eigentlich klassische Weihrauchland Dhofar (Dofar, klassisch-arabisch: Zafār, Sophār, Sephār) gemeint, das als Sefār, „der Berg im Osten", sehr wahrscheinlich bereits in der Bibel (Genesis 10,30) genannt wurde. Es war lange Zeit Teil des Sabäerreiches bzw. dessen Vasallenstaates Hadramaut [5.8].

Theophrast kannte dabei nicht nur die geographische Lage des

Abb. 5.2: Messen der von Punt eingeführten Myrrhe (?) (nach A. Tschirch, 1933). Relief aus dem Terrassentempel zu Dēr el-Baharī (Nachzeichnung)

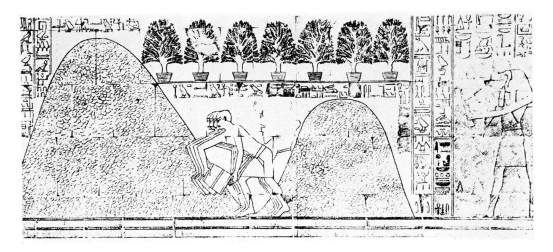

Weihrauchgebietes recht genau, sondern er machte — aus guten Quellen schöpfend — auch Aussagen über Klima und Bodenbeschaffenheit der Gegend. Nach der „Historia plantarum" [5.7] wächst der Weihrauchbaum auf lehmigem, schollegem Boden, wo zwar wenig Quellwasser vorhanden sei, aber doch ausreichend Regen falle. Viele andere klassische Schriften weisen ebenfalls besonders auf Dhofar, das Land am Persischen Meerbusen (womit das heutige Arabische Meer gemeint sein dürfte), hin, welches den besten Weihrauch produziere. Auch die Gewinnung der Myrrhe schildert Theophrast nach Augenzeugenberichten.

Erathostenes (um 273–192 v.u.Z.) weist den Weihrauch dem alten südarabischen Reich Qatabān zu, läßt aber offen, ob es Erzeuger oder Lieferant war (vgl. S. 49). Auf alle Fälle war es ein „Transithandelsland".

Der in Rom lebende griechische Schriftsteller Flavius Arrianus (um 95–175) berichtet in seiner Geschichte der Feldzüge Alexander des Großen (365–323 v.u.Z.) das Folgende [5.9]: „Als Alexander in die Wüste der Gedrosier (Mekrān in Belutschistan [5.9]) kam, standen dort viele ungewöhnlich große Myrrhebäume, die noch niemand ausgebeutet hatte. Die phönikischen Kaufleute, die dem Heer folgten, führten ganze Ladungen Myrrhe weg." Hierbei dürfte es sich allerdings nicht um die echte Myrrhe gehandelt haben, sondern um das Harz der asistischen *Commiphora mukul* [5.10] (vgl. S. 89).

Der Geschichtsschreiber Diodorus aus Sizilien, genannt Siculus, der zur Zeit Gaius Iulius Cäsars (100–44 v.u.Z.) und Augustus' (63 v.u.Z.–14) in 40 Büchern die bis dahin reichende Geschichte aller damals bekannten Völker niederschrieb, führte aus [5.9]: „Die Sabäer wohnen im Glücklichen Arabien („Arabia Felix"), (sie) ... haben so viel Balsam, Kassia, Zimt, Kalmus, Weihrauch, Myrrhe, Palmen u.a. wohlriechende Gewächse, daß das ganze Land von einem wahrhaft göttlichen Wohlgeruch durchzogen ist."

Gaius Plinius Secundus bezeichnet die Sabäer wegen des Weihrauchbesitzes als den bekanntesten aller arabischen Stämme und weiß über die Myrrhe zu berichten, daß sie in Nordostafrika und an mehreren Stellen Arabiens wachse, namentlich aber da, wo auch der Weihrauchbaum gedeiht. Bei der Myrrhe unterscheidet er troglodytische (ost- oder nordostafrikanische), minäische (Gegend um Mekka), atramitische (Hadramaut), ausaritische ('Ausān, Qatabān; Südarabien), sambracenische (Land der Sabäer) sowie dianitische und dusaritische Ware.

Der römische Philologe und Dichter Gaius Valerius Flaccus (geb. vor 95 u.Z.) gar überträgt das lateinische Adjektiv für Weihrauch (tus, turis) auf die Bewohner des Königreiches Saba', die Sabäer (turiferos).

Der griechische Geograph Strabon (gest. um 25) und der unbekannte Verfasser des vielzitierten „Periplus maris Erythraei" (Umschiffung des erythreischen Meeres), eine zeitlich noch umstrittene (die Angaben schwanken zwischen 50 und 200 u.Z.), sehr ausführliche Küsten- und Pflanzenbeschreibung des Roten Meeres und der angrenzenden arabischen und afrikanischen Küsten [5.11], bestätigen, daß der Weihrauchbaum in Südarabien, im fruchtbaren Land der Sabäer, wachse, geben aber auch schon die Somaliküste als Weihrauch- und Myrrhelieferanten an. Wenn auch im „Periplus" das hadramitische Reich mit der Hauptstadt Schabwa (Shabwa, Šabwa) und dem Hafen Qanā' als Weihrauchland bezeichnet wird, verweist er die eigentlichen Produktionsgebiete weiter nach dem Osten bis Moscha (Moscha, heute Khōr Rōrī) am Sachalitischen Meerbusen.

Malao (Berbera), Mosyllon (Bander Muraja, Bunder Murijah) sowie Aualites (Abdule, Awdal, Zeila) an der Somaliküste sol — len — neben dem südarabischen Mocha (Mokka, al-Mukhā) — Hauptausfuhrplätze für Myrrhe gewesen sein.

Später schreibt der griechisch-ägyptische Großkaufmann Kosmas Indikopleustes, ein Zeitgenosse des oströmischen Kaisers Justinian I. (483–565), der u.a. Ostafrika bereiste: „Das Land, welches Weihrauch hervorbringt, ist an der Südgrenze von Äthiopien gelegen, im Inneren des Kontinents." Die Ausfuhr soll über Abdule erfolgen.

Der sagenhafte Reichtum der Myrrhe- und Weihrauchländer hielt sich vermutlich bis weit ins Mittelalter. Noch der portugiesische Jesuit Manoel de Almeida, der im Jahre 1623 auf seiner Reise von Indien nach Abessinien auch die südarabische Küste aufsuchte, spricht von einem König von Xaer (Schihr, Shihr) und Dhofar, welchem der meiste Weihrauch der Welt gehöre, der in einem hohen, kahlen Gebirge auf einer Strecke von 40 bis 50 Seemeilen zwischen Dhofar und Caxem (Qischn) gedeihe (Historia de Ethiopia a alta ou Abassia; nach [5.4]).

Bis heute als „Weihrauchstraße" bekannt [5.8, 5.12, 5.13, 5.15, 5.16] ist die älteste Welthandelsstraße, auf der das in Südarabien gewonnene Olibanumharz – neben anderen Aromata, Gewürzen, Edelhölzern, Seide und Edelsteinen, die zum Teil auch auf dem Seeweg aus Indien in die südarabischen Häfen kamen – seinen Weg nach Norden fand (vgl. Abb. im Nachsatz). Bereits im 10. Jh. v. u. Z. hat auf diesem Handelsweg reger Verkehr geherrscht. Nach verschiedenen Angaben sollen schon um 2500 v. u. Z. Aromata auf diesem Weg transportiert worden sein. Allerdings dürfte dies kaum ohne Kamele gegangen sein. Und diese wurden vermutlich erst im 13./12. Jahrhundert v. u. Z. in Arabien domestiziert [5.1]. Er verband über rund 3 500 km zu Lande die Küste des Indischen Ozeans mit den Küsten des Mittelmeeres. Siebzig bis neunzig Tage benötigten die nicht selten kilometerlangen Karawanen zur Bewältigung dieser Strecke, wobei sie pro Tag 30 bis 40 km zurücklegten. Im Zentrum der Weihrauchgewinnung Dhofar (als sogenannte dhofarische Weihrauchstraße) beginnend, führte die Hauptroute über Hanūn, Schisur, Tarīm (wo vermutlich auch ein Weg von Hafen Saihūt mündete), Saiyūn und Schibām (im Wadi Hadramaut) in die alte Hauptstadt dieses Reiches Schabwa. Dort mündete auch ein weiteres Teilstück, vom Hafen Qanā' (Canā', das Kana der Bibel; westlich des heutigen al-Mukallā) kommend. Über diesen Weg gelangten die zur See vom dhofarischen Hafen Moscha antransportierten Waren nach der hadramitischen Hauptstadt.

Abb. 5.3: Die alten Königreiche und Stadtstaaten in Südarabien, die abwechselnd die Vorherrschaft über die „Weihrauchstraße" ausübten

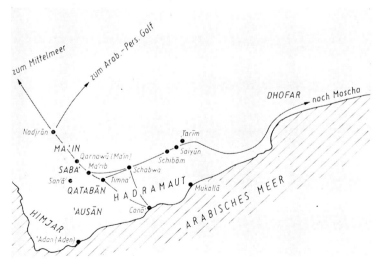

In Schabwa, wo sich verschiedene Wege trafen, begann die eigentliche Weihrauchstraße und verlief westlich nach Timna' und weiter nördlich über Mā'rib Quarnawū bis Nadjrān (Nedjrān, Najrān), wo — dem Wadi Dawāsīr folgend — eine Nebenroute in nordöstlicher Richtung abzweigte, die nach Gerrha und ins Zweistromland führte. (Es wird auch nicht ausgeschlossen, daß eine direkte Karawanenstraße zwischen Dhofar und Gerrha existierte: sandverwehte Überreste wurden gefunden. Jedoch war der Handel mit den Gebieten am Persischen Golf anscheinend nicht so bedeutend wie mit den Mittelmeerstaaten, die bedeutend mehr Weihrauch und Myrrhe für kultische Zwecke verwendeten [5.1]). Die Hauptstrecke verlief weiter nach Norden über Tabāla nach Yathrib (Jathrib, das spätere Medina) und Dedān (die nördlichste Ansiedlung der Sabäer, heute al-'Ulā) bis nach Petra (Ma'ān), dem Zentrum der Nabatäer, wo sie sich nochmals in Richtung Mittelmeer und Mesepotamien-Kleinasien verzweigte. Nach anderen Untersuchungen soll auch eine Strecke über Mekka und Djidda (Jidda) nach Yathrib geführt haben. Allerdings herrscht über den genauen Verlauf der Weihrauchstraße bis heute keine endgültige Klarheit; ein Grund dafür ist sicherlich, daß die Wegführung stark von den jeweiligen politischen Verhältnissen in Arabien abhängig war.

Organisation und Profit wechselten durch die Jahrhunderte. Die südarabischen Stadtstaaten bzw. Königreiche waren nacheinander (teilweise wohl auch nebeneinander) Herren dieser wichtigen Handelsstraße und wurden dadurch reich und mächtig. Inwieweit es Abmachungen zwischen den Stadtstaaten, örtlichen Potentaten, Nomadenhäuptlingen und Stammesältesten gab, durch deren Gebiete dieser Handelsweg führte, wissen wir nicht. Sie dürfen jedoch als wahrscheinlich angenommen werden. Das früheste Königreich war das zwischen 950 und 650 v.u.Z. fast ganz Arabien beherrschende (etwa zu Beginn des 13. Jh. v.u.Z. gegründete) minäische Königreich mit der Metropole um das heutige Qarnawū (Ma'īn, Djōf). Der um 750 v.u.Z. gegründete hadramitische Staat mit der Hauptstadt Schabwa lag vermutlich außerhalb des minäischen Herrschaftsbereiches und wurde erst etwa im letzten Jahrhundert des 2. vorchristlichen Jahrtausends eingegliedert. Nahezu ebenso alt wie Ma'īn soll Timna' (Thomna), die Hauptstadt des Reiches Qatabān, sein, das im 2. Jahrhundert v.u.Z. seinen Höhepunkt erlebt haben könnte. In den Jahren nach Christi Geburt wurde Timna' zerstört.

Über die Anfänge des nahezu sagenhaften Sabäerreiches sind sich die Experten bis heute nicht einig (wie übrigens über weite Abschnitte der vorchristlichen Historie der südarabischen Königreiche und Völker). Zunächst waren wohl die sabäischen Priesterfürsten von den Minäern abhängig und erlangten erst Ende des 7. Jh. v. u. Z. als Könige von Saba' die Vorherrschaft, die etwa 5 Jahrhunderte lang andauerte. (Nach anderen soll die Weihrauchstraße noch 343 v. u. Z. weitgehend von den Minäern beherrscht worden sein.) Ihre Hauptstadt war Mārib. Der durch das Handelsmonopol angehäufte Reichtum wurde auch zur Sicherung der Macht und des politischen Einflusses genutzt — die Sabäer verstanden es, das gesamte Geschäft von der Erzeugung bis beinahe zum Verbraucher unter ihre Kontrolle zu bringen. So fiel die Blütezeit des Sabäerreiches mit der Blütezeit des Handels auf der Weihrauchstraße zusammen. Ende des 2. Jahrhunderts v. u. Z. sollen die Sabäer den gesamten südwestlichen Teil der arabischen Halbinsel (das Königreich 'Ausān) in Besitz genommen haben, nach anderen Angaben sollen sie um diese Zeit schon an Bedeutung verloren haben, während sich um die vermutliche Hauptstadt der Himjariten (Himjaren, Homeriten) Tzadar, Dhafar oder Zofār (nahe dem heutigen Yarim, nicht zu verwechseln mit Dhofar) das letzte große Stadtkönigreich Südarabiens festigte. Um die Jahrtausendwende soll es vom Roten Meer — quer durch Hadramaut und Dhofar — bis zum Persischen Golf geherrscht haben.

Um 70 u. Z. zerschlug Rom das israelitische Reich und nahm den nördlichen Teil der Weihrauchstraße in Besitz, das Nabatäerreich wurde römische Provinz. In diesen Wirren drangen die Sabäer wieder in Hadramaut ein, das sich seit Beginn des 2. Jh. v. u. Z. von der sabäischen Herrschaft befreit hatte. Mittlerweile waren auch Judentum und Christentum nach Südarabien vorgedrungen und verschärften die Auseinandersetzungen vor allem unter den Himjariten. Folge war die Besetzung dieser Gebiete durch das christliche abessinische Axumitenreich (im Bündnis mit Ostrom) zwischen 340 und 375 u. Z. Noch einmal gelang es dann einer neuen Dynastie aus dem Stamme der Himjariten, das Land vom Joch der Axumiten zu befreien. In dieser Zeit weitete sich jedoch der Seeverkehr bereits derartig aus, daß er den Landhandel stark zurückdrängte. Im Jahre 525 erfolgte mit Hilfe einer byzantinischen Flotte die zweite — 50 Jahre andauernde — axumitische Besetzung; San'ā' wurde Hauptstadt.

Abb. 5.4: Al-Mukallā, traditionell wichtige Hafenstadt beim Transport des Weihrauches auf dem Seewege von Dhofar nach Hadramaut (Foto: J. Janzen)

Im 5. und 6. Jahrhundert rangen Abessinien und das persische Sassanidenreich mit wechselndem Erfolg um die südarabischen Weihrauch- und Myrrhegebiete. Von 570 (nach anderen 597) an schließlich, dem Geburtsjahr des Propheten Muhammed in Mekka, spielt der letzte Akt der antiken Weihrauchstraße — die persische Besetzung bis 628. Nach dem Tode des Propheten 632 war die gesamte arabische Halbinsel unter der Herrschaft des Islam. Der Seeweg wurde zum Haupthandelsweg, und Schihr übernahm anstelle des antiken Qanä' die Hauptrolle als Weihrauchumschlagplatz.

Über die verschiedenen südarabischen Häfen erfolgte auch der Weihrauch- und Myrrheexport nach Indien.

In Nordwestarabien spielten die Nabatäer bis zum Verlust ihrer Selbständigkeit eine bedeutsame Rolle im Weitervertrieb der zu Lande aus Südarabien eintreffenden Harze, in Nordostarabien waren dies die Gerrhäer. Der Weihrauch- und Myrrhehandel über das Mittelmeer lag in älterer Zeit vermutlich weitgehend in den Händen der Phönikier.

Die Entstehung des hohen Preises für den Weihrauch in Rom Anfang unserer Zeitrechnung schildert der römische Historiker

Abb. 5.5: Dattelpalmengärten bei Schibām im Wadi Hadramaut, durch das der südarabische Ast der Weihrauchstraße von Dhofar nach Schabwa führte (Foto: J. Janzen)

Plinius in seiner 37bändigen „Historia naturalis" sehr anschaulich [5.14]. Zunächst berichtet er darüber, daß in Südarabien nur 3000 Familien das Recht gehabt hätten, Weihrauchbäume zu züchten und anzuzapfen (heute gibt es dazu unterschiedliche Ansichten [5.4]). Über den Handelstransport schreibt er, daß das gesammelte Harz auf Kamelen nach Sabota (das ist das erwähnte Schabwa) gebracht wurde. Dort empfingen die Priester für ihren Gott Sabis den zehnten Teil dem Maße, nicht dem Gewicht nach. Damit wurden u.a. die öffentlichen Ausgaben bestritten und religiöse Feste finanziert. Weiter, so schreibt Plinius, kann der Weihrauch nur durch das Land der Gebbaniter (wahrscheinlich Qatabäner) ausgeführt werden, deren Könige ebenfalls eine Abgabe verlangten. Auch sonst waren auf dem Karawanenweg noch allerlei Zölle und Abgaben zu entrichten, so daß der Preis schließlich recht bedeutend wurde. Nach den damaligen Gesetzen soll die Todesstrafe darauf gestanden haben, vom Wege abzuweichen. Damit erzwang man den Durchgang durch die hadramitische Hauptstadt, und es mußten teilweise beträchtliche Umwege in Kauf genommen werden. Räuberische Überfälle und Verluste an Menschen und Tieren durch das mörderische Klima kamen hinzu. In Schabwa waren Geschäftsleute aus allen Teilen Südarabiens ansässig, wie aufgefundene Schriften dokumentieren [5.4].

Nach Plinius wurden vom Römischen Reich pro Jahr Spezereien aus Arabien (direkte und Zwischenhandelsprodukte) für etwa 100 Millionen Sesterzen importiert, die Hälfte davon soll auf Weihrauch entfallen sein. Jede Kamelladung kostete bis ans Mittelmeer 688 Denare, was einem Kilopreis von 3,75 bis 5 Denaren entspricht. Darauf wurden noch die Gewinne der Karawanenhändler, der Packereien, des Groß- und Kleinhandels geschlagen, so daß der Verbraucher schließlich 13 Denare für die beste Weihrauchsorte zahlen mußte, während die notwendigen Lebenshaltungskosten im römischen Vorderasien zu dieser Zeit auf jährlich 100–140 Denare veranschlagt wurden. Nach anderen Preisberechnungen auf Grund von Vergleichen der Lebenshaltungskosten im römischen syrisch-palästinensischen Gebiet mußte man für ein Pfund Weihrauch der billigsten Sorte den Wochenlohn eines „Arbeiters" zahlen [5.4].

In den Werkstätten Alexandrias, in denen Weihrauch verarbeitet (eventuell auch durch Zusätze verfälscht, gestreckt?) wurde, mußten die Beschäftigten mit angesiegeltem Lendenschurz sowie

54

Abb. 5.6, 5.7, 5.8: Die wegen ihrer Lehmhochhausarchitektur berühmten Oasenstädte Tarīm (5.6: große Freitagmoschee), Saiyūn (5.7: Blick aus dem alten Sultanspalast der Kathīrī auf Markt und Altstadt) und Schibām (5.8: die grandiose „Wolkenkratzer"-Silhouette mit ihren bis zu 8 Stockwerke erreichenden Gebäuden), waren wichtige Etappenorte der Weihrauchkarawanen auf dem Weg von Dhofar in das ca. 200 km weiter westlich am Ausgang des Wadi Hadramaut gelegene Schabwa (Fotos: J. Janzen)

engmaschigen Netzen über dem Kopf arbeiten und wurden nackt entlassen, um Diebstähle der kostbaren Ware zu verhindern [5.4].

Die Myrrhe war noch teurer; ihr Preis soll im Altertum durchschnittlich doppelt so hoch wie der des Weihrauches gewesen sein. Vielfach wurde sie daher mit Mastix und Gummi verfälscht. (Im Vergleich dazu sind in Tab. 5.1 und 5.2 auszugsweise die aktuellen Preise für Weihrauch und Myrrhe wiedergegeben.) Das wichtigste südarabische Weihrauchgebiet ist auch heute noch das Qarā'-Bergland in Dhofar, wo der Weihrauchbaum insbesondere in Höhen zwischen etwa 500 und 800 m wild gedeiht. Daneben finden sich Olibanum liefernde Bäume auch in den Randgebieten des Mahralandes (zwischen Dhofar und Hadramaut) und im Hinterland des antiken Hafens Qanā'.

Tab. 5.1: Auswahl aus dem Drogenangebot der Firma Julius Scheuering. Großhandel – Import – Export Nürnberg (Sept. 1983)

Weihrauch Eritrea		
Granen naturell	etwa 70 kg	680,– DM
Erbsen naturell	,,	790,– DM
Pulver hell	,,	250,– DM
Weihrauch Aden		
Erbsen mittelkörnig	auf Anfrage	
Gummi-Myrrhae Aden		
Granen naturell	100 kg	1 140,– DM
Kirchenweihrauchmischungen		
Dreikönig, feinherb	Kilopreis	16,10 DM
Arabisch, hell		15,80 DM
Pontifikal nach altem Rezept		16,20 DM
Palästina-König Gewürzweihrauch		16,30 DM
Rheinisch, dunkle Edelmischung		16,50 DM
Lourdes, schwarz		17,10 DM
Arabisch, dunkel edles, volles Aroma		16,70 DM
Gloria, hell Komp. von W. mit Edelharzen		16,30 DM
Angelus mit echtem ,,Aden''-W.		20,00 DM

Bei unserem weiteren kurzen historisch-wirtschaftsgeographischen Exkurs über Dhofar und die Weihrauchstraße wollen wir uns daher weitgehend auf die Untersuchungen von Jörg Janzen beziehen, der sich in Südarabien und Somalia an Ort und Stelle intensiv mit der Geschichte und heutigen Problemen der Weihrauchwirtschaft beschäftigt hat, speziell der Provinz Dhofar im heutigen Sultanat Oman [5.8, 5.13].

Noch bis vor etwa zwanzig Jahren war das (wohl zu den qualitativ besten gehörende) Olibanumharz wichtigstes Exportgut Dhofars und gleichzeitig bedeutendste Verdienstmöglichkeit des größten Teiles der beduinischen Bevölkerung. Der Ende der 60er Jahre abrupt einsetzende Rückgang der Harzproduktion war u. a. die Folge kriegerischer Auseinandersetzungen in Dhofar, nicht etwa mangelnde Nachfrage auf dem Weltmarkt.

Südarabien war in der antiken Welt **das** Transithandelsgebiet zwischen Afrika, Süd- und Ostasien und den Hochkulturen des Mittelmeerraumes und Mesepotamien. Unter den zahlreichen Handelsgütern lagen die pflanzlichen Aromata, speziell das Olibanum- und Myrrhe-Harz, an vorderster Stelle. Für die südarabischen Reiche („Arabia Felix"), besonders das Sabäerreich, brachte dieses Transithandelsmonopol neben sagenhaftem Reichtum auch bedeutende politische Einflußnahme. Die genaue Lage der Weihrauchgebiete war „streng geheim", denn es hat nicht an Versuchen gefehlt, dieses Transithandelsmonopol zu umgehen und direkt beim Erzeuger zu kaufen und sogar selbst den Baum zu kultivieren (z. B. im alten Ägypten). Besonders berühmt sind die Schiffsexpeditionen der alten Ägypter (vgl. S. 104), der Seehandel der Phönikier mit Südarabien und militärische Eroberungszüge der Römer und Perser in die Weihrauchsammelgebiete.

Gummi Olibanum, Eritrea		
Tränen, first choice	Kilopreis	13,00 DM
Gummi Olibanum Somalia		
mixed	,,	17,35 DM
Gummi Myrrhae		
gereinigt	,,	26,90 DM
Erbsen		13,80 DM
Gummi Opopanax (Juli 1985)		
cleaned No. 1	,,	19,00 DM

Tab. 5.2: Auswahl aus dem Drogenangebot der Firma König und Wiegand, Drogen Import/Export Hamburg (März 1985)

57

Eines der Zentren der Weihrauchproduktion war das Land der Sachaliten (in der Antike als Sakalān bekannt). Der Ostteil dieser Region erstreckt sich bis zur Bucht von Khūrīyā Mūrīyā und liegt damit auf dem Gebiet der heutigen omanischen Provinz Dhofar. In den letzten vorchristlichen Jahrhunderten hat es, als Teil des Vasallenstaates Hadramaut, zum Sabäerreich gehört. Im 1. Jh. v. u. Z. eroberten vom Osten her die Parther dieses Weihrauchgebiet, und erst zur Regierungszeit von Augustus (63 v. u. Z.–14) gelang die Rückeroberung durch Hadramaut. In der ersten Hälfte des 1. Jh. u. Z. gründeten zuverlässige hadramitische Siedler im Gebiet des heutigen Dhofar die Festungsstadt Samāram (Sumhuram) am östlichen Ufer

Abb. 5.9: Jemenit vor den Säulen des teilweise ausgegrabenen großen Tempels „Makram Bilqis" von Mārib (Arabische Republik Jemen), einem wichtigen Etappenort an der alten Weihrauchstraße (Foto: R. Zylka)

des Khōr Rōrī (etwa 4 km östlich der heutigen Küstensiedlung Tāqah) und sicherten das Weihrauchproduktionsgebiet durch verschiedene Festen. In der vorgelagerten, geschützten Bucht entstand vermutlich der bedeutende Handelshafen Moscha. Von dort sollen Teile des Olibanums per Schiff nach Qanā' und von dort weiter zur Hauptstadt Hadramauts, Schabwa, transportiert worden sein. Aber auch andere Häfen dienten im hadramitischen Kernland diesem Zweck. Der arabische Geograph Al-Hamdānī (gest. 945) nennt Schihr (Shihr) als Haupthandelshafen [5.17]. Moscha soll neben Qanā' auch für den Indienhandel von Bedeutung gewesen sein.

Auch die Perser, deren Herrschaftsbereich den Berichten des „Periplus" zufolge noch zu seiner Zeit am östlichen Ende des

Abb. 5.10: Typische Lehm-architektur in 'Asīr im Mittelabschnitt der alten Weihrauchstraße im Süd-westen des heutigen Saudi-Arabien (Foto: R. v. Fürstenmühl)

Weihrauchgürtels verlief, haben möglicherweise aus dem Gebiet der heutigen Küstensiedlung Hāsik, an der Bucht von Khūrīyā Mūrīyā Weihrauch verschifft.

Ein anderer Teil dürfte den geschilderten Landweg genommen haben, so wie später der Handel mit Djidda, ausgehend von Mirbāt über Hanūn, Schisur mit einem Abzweig nach Hadramaut in Thamrīt (16.–18. Jh.). Dieser Karawanenweg ist auch als dhofarische Weihrauchstraße bekannt.

Im 16. Jh. bildete Mirbāt den bedeutendsten Handels- und Hafenort Dhofars für Weihrauch. In den folgenden Jahrhunderten war ein häufiger Wechsel von ökonomischer Bedeutung und räumlicher Orientierung des Weihrauchhandels zu verzeichnen. Obwohl Mirbāt Hafenort war, wurde von 1600 bis etwa 1800 der Hauptteil des Olibanums mit Kamelkarawanen über Hanūn und Schisur nach Djidda transportiert (Ursache war das Ausmaß der Piraterie im Golf von Aden und im Roten Meer). Dabei transportierte eine aus 400 Lastkamelen bestehende Karawane rund 53 Tonnen des Harzes. Von Hadramaut führte der Landweg weiter nach San'ā' und von dort bis Djidda; ein Teil des Olibanums wurde in den Mittelmeerraum weitertransportiert.

Um 1800 kam der Karawanenhandel zum Erliegen, und der Schiffsverkehr (arabische Segelschiffe) nach Djidda trat in den Vordergrund.

Abb. 5.11: Versuche zur Kultivierung des Weihrauchbaumes im alten Ägypten waren nicht von längerwährendem Erfolg (nach einer alten Zeichnung)

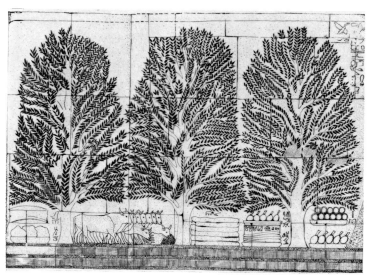

Etwa 1830 setzte recht unvermittelt ein schwunghafter Weihrauchhandel mit Indien ein, und die arabischen Segelschiffe leg-
ten nun vorzugsweise in Bombay an. Käuferschicht war die
brahmanische Priesterkaste, die für den hinduistischen Tempel-
kult das hochwertige südarabische Harz mehr schätzte als das
minderwertigere indische. 1896 waren es etwa 10 000 Sack á
120 ratal (2,25 ratal = 1 kg), die auf diese Weise Bombay er-
reichten. Die Zolleinnahmen des damaligen Sultans lagen durch
Erhebung eines 5%igen Exportzolls bei 1 500 riyal frans (= 1 500
Mariatheresientaler), entsprechend 43% der Gesamtzollein-
nahmen. Der Verkaufspreis pro Sack lag zu dieser Zeit bei
3 riyal frans; unter Sultan Sa'id bin Taimur (1932–1970) kostete
der Sack 5–6 riyal frans, und der Exportzoll betrug 10%.

In seiner „Pflanzenwelt Ostafrikas" führt A. Engler an, daß
1872/73 vom Hauptstapelplatz Bombay aus 25 000 Zentner Olibanum weiterverschifft wurden.

Etwa zwei Jahre nach Deklaration der Unabhängigkeit Indiens,
im Jahre 1947, ging infolge sehr hoher indischer Importzölle
der Indienhandel drastisch zurück.

Abb. 5.12: Die berühmten nabatäischen Felsengräber von Madā'in Sāleh im Nordabschnitt der Weihrauchstraße bei al-'Ulā, dem antiken Dedān, im heutigen Nordwesten Saudi-Arabiens (Foto: R. v. Fürstenmühl)

Zielort der arabischen Segelschiffe war zwischen 1949 und 1967 Aden, ein Freihafen mit idealen Handelsbedingungen. Hier stießen sie auf somalische Konkurrenz, die über längere Erfahrungen verfügte. In diesem Zeitraum ging der Handel jedoch schon stark zurück. 1965–1975 waren es nur noch 1 500 bis 1 000 Sack Weihrauch jährlich, die von Mirbāt nach Aden gelangten. 1967 kam der Weihrauchhandel mit Aden zum Erliegen.

Ende der siebziger Jahre gab es nur noch wenige Weihrauchsammler, obwohl die Nachfrage im Ausland und in Oman selbst noch immer groß ist. Die sich daraus ergebenden hohen Preise haben das Olibanumharz im Erzeugerland zu einem Luxusartikel gemacht. Die gegenwärtige internationale Marktlage wäre nach den umfangreichen Erhebungen von Jörg Janzen dazu angetan, den Weihrauchhandel wieder zu beleben (vgl. S. 212).

Im heutigen Dhofar liegt das Hauptverbreitungsgebiet in einem 15 km breiten Streifen umfangreicher Flintvorkommen. Auf solchen Kalksteinsedimenten mit bestimmter Mineralienkonstellation scheint der Weihrauchbaum besonders gut zu gedeihen. Die Harze sind dort auch besonders hochwertig. Die beste Olibanumqualität ist „lubān an-nejdī".

Abb. 5.13: Blick auf die Ruinen der antiken Hafenstadt Moscha (bzw. Sumhuram/ Samāram) in Süd-Dhofar/ Sultanat Oman. Im Hintergrund sind der Weihrauchhafen im Khōr Rōrī sowie die inzwischen versandete Hafeneinfahrt zu sehen (Foto: J. Janzen)

Abb. 5.14: Blick aus östlicher Richtung auf den durch einen Strandwall vom Meer abgetrennten antiken Weihrauchhafen von Khōr Rorī und die am Ostufer schwach erkennbaren Ruinen der antiken Hafenstadt Moscha (Sumhuram/Samāram) etwa 4 km ostwärts der Oasensiedlung Tāqah (oberer linker Bildrand) in der süddhofarischen Küstenebene (Foto: J. Janzen)

Abb. 5.15, 5.16: Luftaufnahmen des Tells (Besiedlungshügels) der antiken Hafenstadt Moscha (Sumhuram/Samāram) am Ostufer des Khōr Rōrī
(Fotos: J. Janzen) S. 64

Abb. 5.17: Antike Ruinen eines kleinen Forts im Wadi Andhūr im südostdhofarischen Weihrauchproduktionsgebiet
(Foto: J. Janzen) S. 65

Abb. 5.18: Die Küstensiedlung Hāsik, neben Sadah traditionell wichtigster Umschlagplatz für Weihrauch in Südost-Dhofar
(Foto: J. Janzen) S. 65

Abb. 5.19: Haus eines ehemals wohlhabenden Weihrauchhändlers in Mirbāt, dem dhofarischen Hauptausfuhrhafen für Weihrauch bis Ende der 60er Jahre (Foto: J. Janzen)

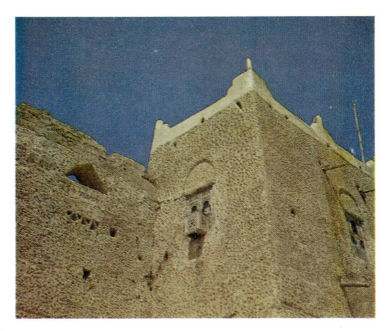

Abb. 5.20: Weihrauchsammler beim Abschaben der getrockneten Harztränen in der Nähe von Sadah in Südost-Dhofar (Foto: J. Janzen)

Nur streifen wollen wir die Geschichte der nordostafrikanischen Harze.

Das in Somalia gesammelte Weihrauchharz gewann vermutlich im „internationalen" Handel erst an Bedeutung, als das südarabische Harz durch den immensen Raubbau im Altertum knapper geworden war. Von den kleinen Häfen der somalischen Küste zwischen Berbera und Cap Gardafui (z.B. Bunder Chasim, heute Boosaaso; Bunder Murijah) gelangte es nach Mocha (Mokka) und Eudaimon Arabia (Aden) und von dort weiter nach Ägypten, Äthiopien und Frankreich. Der größte Teil jedoch ging nach Indien und von dort wieder in den Welthandel. Heute werden Weihrauchsammlung, Sortierung und Handel

Abb. 5.21: Weihrauchsammlerin mit den für die Harzernte benötigten Utensilien, dem Schabemesser (arab.: manqaf) und dem geflochtenen Sammelkorb (arab.: zambīl) im süddhofarischen Küstengebirge bei Hāsik. Die fehlende dichte Belaubung des Weihrauchbaumes ist die Folge der übermäßigen Beweidung durch Ziegen (Foto: J. Janzen)

Abb. 5.22: Die kleine Hafenstadt Sadah in Südost-Dhofar. Bis Ende der 60er Jahre bildete die Weihrauchwirtschaft die Haupteinnahmequelle für die Bevölkerung
(Foto: J. Janzen) S. 68

Abb. 5.23: Kunstvolle Verzierungen am Haus eines Weihrauchhändlers in Sadah (Südost-Dhofar). Sie zeugen nicht nur vom ehemaligen Wohlstand des Händlers; das Schiff symbolisiert auch den weitreichenden Weihrauchhandel über See
(Foto: J. Janzen)

Abb. 5.24: Die Hafenstadt Mirbāt in Südost-Dhofar, wichtigster Umschlagplatz für südarabischen Weihrauch vor dem Niedergang des Weihrauchhandels Ende der 60er Jahre. Der Weihrauchtransport erfolgte im wesentlichen per Dhau (Vordergrund) über den Seeweg nach Bombay und Aden
(Foto: J. Janzen)

Abb. 5.25: Ehemalige Sklavin mit typischem Schabemesser (arab.: manqaf) beim Weih-rauchsammeln im Küsten-gebirge bei Hāsik in Südost-Dhofar (Foto: J. Janzen)

Abb. 5.26: Weihrauchsamm-lerin beim Sortieren des gesammelten Harzes in Hāsik (Südost-Dhofar) (Foto: J. Janzen)

von Genossenschaften betrieben. Als beste maydi-Qualität gilt „mushaad", als beste beeyo-Qualität „beeyo fasung" (vgl. S. 74).

Den gleichen Weg nahmen die echte Heerabolmyrrhe (oder Somalia-Myrrhe) und die nordostafrikanische („süße") Bisabolmyrrhe (vgl. S. 93). Aden war der Hauptstapelplatz aller Myrrhearten und -sorten, so fand man hier auch die nordöstlich von Aden auf den Hügeln um Shugraeea und Sureea (Fadhlī) gesammelte Fadhlī-Myrrhe neben der von al-Mukallā per Schiff angelieferten Jemen-Myrrhe [aus Hodeida (Hudaydah), Lohaia (Luhayyah), Gīzān (Jīzān, Djazan)] und Hadramaut-Myrrhe.

Abb. 5.27: Ehemalige Weihrauchtransportschiffe im Hafen von Sadah/Südost-Dhofar
(Foto: J. Janzen)

Abschließend sei noch auf den Indischen Weihrauchbaum (vgl. S. 79) verwiesen, den H. T. Colebrooke 1809 in Ostindien entdeckte. Vermutlich hatten ihn die Griechen schon 327–325 v. u. Z. auf dem Alexanderzug im Pandschab kennengelernt. Der aus Kilikien stammende griechische Arzt Dioskurides bezeichnete diesen Weihrauch als „syagrium".

Botanisches
über Weihrauch

6

Als Stammpflanzen des Weihrauch- oder Olibanumharzes werden heute im wesentlichen drei Spezies angesehen.

In Südarabien ist es der arabische Weihrauchbaum *Boswellia sacra* Flueck., der von den Arabern als maghrayt d'sheehaz (schechaz), mogharar shihaz, maghār und speziell in Dhofar als mughūr bezeichnet wird; sein Harz als lubān dhakar (je nach Herkunft werden noch andere lubān-Sorten unterschieden; teilweise wird die Bezeichnung lubān aber auch für andere Räucherharze verwendet).

In Somalia sind zwei weitere wesentliche Spezies beheimatet. Zum einen ist dies *Boswellia carteri* Birdw., ein unter den Einheimischen als moxor (mohor maddow, mohr maddow, mohur meddhu oder mohr meddu; maddow: somal. = dunkel, schwarz) bekannter Baum.

Heute als mit dieser Spezies identisch angesehen wird *Boswellia bhau-dajiana* Birdw., in Somalia moxor cadd (mohr add, mohor add; cadd, add: somal. = weiß, hell) [6.17]. Das Harz dieser Art(en) ist lobān dakar oder geläufiger beeyo (beyo).

Die zweite bedeutsame somalische Spezies ist *Boswellia frereana* (auch *freriana*) Birdw., in den Produktionsgebieten jagcaar (yegaar, yagar, yehar, seegar) genannt. Das Harz ist lobān majdi (maidi, matti, meydi, meyeti, meyiti), häufiger maydi.

(Zu den heutigen Bezeichnungen in den Produktionsgebieten vgl. S. 183, zu den Namen im Altertum [6.3, 6.16]). In der älteren Literatur wird diese Art mitunter auch als Lieferant eines ostafrikanischen Elemiharzes angegeben. Neuere Arbeiten charakterisieren es eindeutig als „frankincense" oder „Weihrauch" [6.8, 6.9]. Auch die von Jörg Janzen 1986 in Nordost-Somalia von den dortigen Weihrauchgenossenschaften erhaltenen Pro-

3

ben der maydi-Qualität (mushaad, mujarwal, fas kebiir, fas saghiir, jabaanjib, shorta, siif, foox, marbuush) waren weihrauchtypisch.

Die beeyo-Qualität erhielt er in den Sorten fasung, madow, shoote, foox und marbuush (jeweils sinkende Qualitätsstufen).

Eine weitere Weihrauch liefernde Art wird in Somalia als boido bezeichnet. Möglicherweise handelt es sich hierbei um die vor allem in Äthiopien, speziell Erythräa, dem Sudan und anderen ostafrikanischen Gebieten verbreitete *Boswellia papyrifera* Hochst. (*B. papyrifera* Rich.). Verschiedentlich wird angenommen, ihr Harz, das dem der indischen *Boswellia serrata* Roxb.

Abb. 6.1: *Boswellia carteri* Birdw. (Detailzeichnung aus Koehlers Medicinalpflanzen [Atlas]. Band 1. H. Bermühler, Berlin 1920)

Burseraceae

Boswellia Carterii Birdw

74

Abb. 6.2: Weihrauchbäume der Spezies *Boswellia carteri* (somal.: moxor) in etwa 1 000 m ü. NN an der Abdachung des nordsomalischen Küstengebirges zum Golf von Aden zwischen Ceerigaabo und Mayt (Foto: J. Janzen)

ähneln soll, sei das in der Antike bevorzugt gehandelte gewesen. Mitunter wird *Boswellia papyrifera* Hochst. aber auch als Lieferant einer Bdelliumart genannt (während andere dafür *Commiphora africana* (Arn.) Engl. angeben) [6.1, 6.2].

In den Fragen der Bezeichnung bzw. der botanischen Zuordnung herrscht bis heute keine endgültige Einigkeit [6.3]. Die Benennung der arabischen Stammpflanze als *Boswellia sacra* erfolgte 1867 durch den „Vater" der wissenschaftlichen Pharmakognosie, Friedrich August Flückiger (1828–1894); 1869 benannte sie George Birdwood *Boswellia Carterii* (*carteri*) [6.18], und die „Flora des tropischen Arabien" von O. Schwartz führt sie 1939 als *Boswellia undulato crenata* Engl. an [6.3]. In jüngster Zeit trennte F. N. Hepper [6.4] die arabische Stammpflanze des

Abb. 6.3: Weihrauchbaum der Spezies *Boswellia carteri* (somal.: moxor) nordwestlich von Iskushuban/Nordost-Somalia. Seine Gestalt ist im Gegensatz zum Jagcaar-Baum meist durch eine gedrungene, buschähnliche Wuchsform gekennzeichnet (Foto: J. Janzen)

Weihrauches wieder als besondere Art *Boswellia sacra* Flueck. von der in Somalia gedeihenden — 1844 erstmals von G. B. Kempthorne beschriebenen — Spezies ab, die er als *Boswellia carteri* Birdw. ansieht. Ähnlich uneinheitlich verhält es sich auch bei anderen Spezies und Subspezies. Für die somalische Stammpflanze hat sich jedoch allgemein die Bezeichnung *Boswellia carteri* durchgesetzt, für die arabische *Boswellia sacra*.

Der Gattungsname *Boswellia* erinnert an Johann Boswell aus Edinburgh, der im Jahre 1735 eine Schrift über Ambra verfaßte; der Artname *Carterii* (*carteri*) wurde nach dem englischen Schiffsarzt H. J. Carter gewählt, der 1844–1846 im Gebiet von Dhofar bzw. im Mahra-Land die Pflanze kennenlernte und die erste Schilderung sowie Abbildung eines Weihrauchbaumes lieferte. Dabei handelt es sich um einen wenige Meter hohen Baum mit sieben- bis neunpaarig gefiederten, unterseits oder beiderseits filzig behaarten, wellig gekerbten oder ganzrandigen Blättern. Blütezeit ist im April.

Auch aus *Boswellia neglecta* S. Moore (*B. hildebrandtii* Engl.) [6.12] in Kenia wird Olibanum gewonnen. Bei anderen Arten ist nicht immer klar, ob es sich — wegen der Verschiedenheit

Abb. 6.4: Weihrauchbäume der Spezies *Boswellia sacra* in der Auflösungszone der monsualen Wolkendecke nördlich der Wasserscheide des Dhofar-Gebirges im Süden des Sultanats Oman (Foto: J. Janzen)

der Bezeichnungen der einheimischen Stämme für eine Spezies — teilweise um die gleiche Art oder andere Harze (z.B. Bdellium) liefernde Bäume handelt (vgl. auch Tab. 6.1). Im tropischen Afrika gedeihen *Boswellia odorata* Hutch. und *Boswellia dalzielli* Hutch., die ebenfalls eine Weihrauchart liefern sollen.

Bei verschiedenen Spezies ist z.T. noch immer nicht völlig klar,

Tab. 6.1: Wesentliche Vertreter der Gattung *Boswellia* (nach R. Pernet, 1972; Hagers Handbuch der pharmazeutischen Praxis, 1972 und H. A. Hoppe, 1975 [6.13–6.15], erweitert)

* vermutlich identisch mit *B. carteri* Birdw.

Art	Verbreitung	Produkt
B. carteri Birdw. *B. sacra* Flueck. (*B. thurifera* sensu Carter)	Somalia, Nubien, Südarabien	Olibanum Olibanum
B. frereana Birdw.	Somalia	Olibanum
B. bhau-dajiana Birdw. (= *B. bhaw-dajiana* Birdw.)*	nördliches Somalia	Olibanum
B. papyrifera Hochst. (= *Amyris p.* Gaill. ex Del., *B. p.* Rich.)	Äthiopien	Olibanum- oder Bdelliumsorte
B. neglecta S. Moore (*B. hildebrandtii* Engl.)	Somalia	Olibanumsorte
B. odorata Hutch.	tropisches Afrika	Olibanumsorte
B. dalzielli Hutch.	tropisches Afrika	Olibanumsorte
B. ameero Balf. Fils. *B. elongata* Balf. Fils. *B. socotrana* Balf. Fils.	Socotra	weihrauchähnliche Harze
B. serrata Roxb. (= *B. s.* Roxb. ex Colebr., *B. s.* Stachh., *B. thurifera* Colebr., *B. th.* Roxb., *B. th.* (Colebr.) Roxb., *B. th.* Roxb. ex Flem., *B. glabra* Roxb., *Canarium balsamiferum* Willd.)	Indien	Salaiguggul, indischer Weihrauch

78

ob sie wirklich Weihrauchsorten liefern oder anderen Harzen näher stehende Produkte.

Ein terpentinhaltiges, typisch nach Weihrauch riechendes Harz (allerdings anderer Zusammensetzung als das Harz von *Boswellia carteri*), bekannt als Indischer Weihrauch, liefert der in den mittleren und nördlichen Teilen Ostindiens verbreitete Salai- oder Salphalbaum *Boswellia serrata* Roxb. (*B. thurifera* Roxb., *B. thurifera* Colebr., *B. serrata* Stachh., *B. glabra* Roxb., *Canarium balsamiferum* Willd.) [6.1, 6.2, 6.7]. Die Vielfalt der Bezeichnungen beruht wahrscheinlich darauf, daß dieser Baum in den unterschiedlichen Landesteilen dieses Subkontinents in verschiedenen Varietäten vorkommt.

Nichts Näheres ist bekannt über die drei 1882 von J. F. Balfour auf Socotra (Insel am Ausgang des Golfes von Aden zum Indischen Ozean, gehört heute zur VDR Jemen) gefundenen Arten *Boswellia ameero* Balf. Fils., *B. elongata* Balf. Fils. und *B. socotrana* Balf. Fils., die weihrauchähnliche Gummiharze liefern [6.10], und 5 weitere in neuerer Zeit entdeckte Vertreter [6.11].

Nach Auswertung der verschiedensten Literaturangaben soll Olibanum etwa von 25 Arten gewonnen werden (wobei nicht

Abb. 6.5: Weihrauchbaum der arabischen Spezies *Boswellia sacra* Flueck. (die F. N. Hepper 1969 als eigene Art von der sehr ähnlichen somalischen *Boswellia carteri* Birdw. abtrennte) in der Nejd, der Übergangszone vom Dhofar-Gebirge zur innerdhofarischen Wüste (Foto: J. Janzen)

79

sicher ist, daß es sich dabei nicht teilweise um doppelt gezählte Arten mit verschiedenen Bezeichnungen handelt). R. Pernet gibt 1972 für die Gattung *Boswellia* Roxb. 14 Arten im tropischen Afrika an, 9 an den Küsten des Roten Meeres und 2 im tropischen Asien an [6.13].

Auch die Harze zweier *Canarium*-Arten, die ebenfalls zu den Burseraceen gehören, sollen „als Weihrauch" Anwendung finden: *Canarium liebertianum* Engl. im tropischen Afrika und *C. bengalese* Roxb. in Indien [6.13].

Daneben sind noch der sogenannte Gemeine Weihrauch (aus Ameisenhaufen gesammeltes Fichtenharz, das vermutlich durch die Säure der Ameisen chemisch verändert ist) und der Russische Weihrauch (Harz aus den Stämmen der Schwarzkiefer, *Pinus laricio*) unter dem Namen Weihrauch bekannt.

Hauptverfälschungs- und Zusatzmittel des echten Weihrauchharzes sind Kolophonium und Terpentin.

Die Bezeichnung Olibanum für das Harz des Weihrauchbaumes stammt vom hebräischen libonoth, lebōnāh (labān = weiß sein) bzw. vom arabischen lubān (Milchsaft), nach anderen vom dhofarischen libān. Im Griechischen wird Olibanum daher auch als

Abb. 6.6: Weihrauchbaum *Boswellia sacra* in der Vorbergzone am Westrand der Küstenebene Süd-Dhofars
(Foto: J. Janzen)

Abb. 6.7: Ast eines blühenden Weihrauchbaumes der Spezies *Boswellia sacra* mit weißen bis leicht gelblichen Blüten (Südost-Dhofar)
(Foto: J. Janzen)

Abb. 6.8: Große Wundstelle mit zahlreichen Harztränen an einem Weihrauchbaum der Spezies *Boswellia sacra* in Süd-Dhofar
(Foto: J. Janzen)

libanos, im Lateinischen als libanus oder tus bezeichnet. Auch der Name des Libanons, dessen Wälder balsamische Harze liefern, ist hiervon abgeleitet [6.12].

Früheste Hinweise zur Weihrauchgewinnung liefert Theophrast von Eresos; nach seinen Angaben sollen die Weihrauchbäume an den Hundstagen, d.h. in der heißesten Jahreszeit, eingeschnitten werden. Ursprünglich erntete man einmal im Jahr; als im Altertum die Nachfrage nach dem Harz immer mehr stieg, fand auch eine zweite Ernte statt. Gaius Plinius Secundus gibt an, daß der erste natürliche Einschnitt um die Zeit des Aufgangs des Hundgestirns stattfinde. Dieser Sommerschnitt werde im Herbst eingesammelt; dann würden die Bäume nochmals im Winter für die Frühjahrslese eingeschnitten. Dabei sollte das im

Abb. 6.9: Das Sammeln des Weihrauches im Mittelalter (Aus: Cosmographie universelle, Paris 1675)

Abb. 6.10: Weihrauchzapfen der maydi-Qualität von 20 cm Länge aus Nordost-Somalia; etwa 30 Jahre alte bernsteinähnliche Weihrauchklumpen aus Dhofar sowie gleichfalls von dort stammende Schabemesser für die Harzgewinnung. Das vordere Gerät besitzt den Vorteil, daß aufgrund des spitzwinklig angeordneten Fortsatzes beim Schabevorgang stets der richtige Anstichwinkel vorgegeben ist, wodurch ein zu tiefes Eindringen der Klinge in die Rinde und damit eine zu starke Verletzung des Baumes verhindert werden (Foto: J. Janzen)

Abb. 6.11: Reste von Weihrauchbäumen am wüstenwärtigen Rand des Weihrauchgürtels von Dhofar. Der wirtschaftliche Bedeutungsverlust des Weihrauches als Handelsprodukt hat in den vergangenen 20 Jahren in Dhofar vielerorts zu einer Bedrohung der Baumbestände geführt, da die Bäume den Beduinen häufig nur noch als Lieferanten für Brennholz und Viehfutter dienen (Foto: J. Janzen)

Herbst eingesammelte Harz am reinsten und nahezu weiß (candidum) sein, das im Frühjahr geerntete hingegen rotbraun (rufum). Plinius nennt die 3000 Familien, die Weihrauch ernten dürfen (vgl. S. 53), heilig; weder durch das Zusammensein mit Frauen noch durch Leichenbegängnisse dürfen sie verunreinigt sein, wenn sie die Bäume einschneiden.

Nach dem „Periplus" soll der Weihrauch von den Sklaven des Königs und von strafweise Deportierten eingesammelt worden sein, da die Weihrauchgebiete sehr ungesund seien und fast immer den dort Arbeitenden den Tod brächten. Vermutlich liegt hier eine Legende vor, die vor dem Eindringen in das Weihrauchgebiet abschrecken sollte.

Die ausführlichsten Angaben im Mittelalter enthält ein chinesi-

Abb. 6.12: Die in Nordost-Somalia wachsende Weihrauchbaum-Spezies *Boswellia frereana* (somal.: jagcaar) bringt rote Blüten hervor. Die Zeit der Blüte liegt zwischen August und Oktober. Man beachte auch die sich z.T. ablösende pergamentartige Schicht auf der Rinde, die einen guten Verdunstungsschutz darstellt (Foto: J. Janzen)

84

Abb. 6.13: Zwei maydi-Harz
qualitätsstufen vom Jagcaar-
Baum (*Boswellia frereana*)
aus Nordost-Somalia. Von
insgesamt 8 maydi-Harz-
qualitätsstufen sind die ersten vier besonders wert-
voll. Auf den Fotos sind die
erste Qualität (somal.:
mushaad/große Harzstücke)
und die vierte Qualität (somal.: fas saghiir/kleine
Harzstücke) abgebildet
(Fotos: J. Janzen)

sches Werk (Chau Ju-kua Chu-fan-chi) über den ostasiatisch-arabischen Handel des 12./13. Jahrhunderts [6.3]. China führte die Droge bereits seit dem 10. Jh. ein.

Schon frühzeitig muß es aber auch Verfälschungen und Betrug im Weihrauchhandel gegeben haben. Pedanios Dioskurides berichtet über künstlich hergestellte Mischungen aus Fichtenharz und Gummi. Später erwähnt Christoph Wirsungs „New Artzney Buch", neu bearbeitet von Jacobum Theodorum Tabernaemontanum (Jacob Theodor aus Bergzabern, 1520–1590), eine minderwertige Olibanumsorte, die man in „etlichen Lumpen-Apotheken, wie auch bei den Krämern" finde, und zieht gegen diese mit der ganzen Schärfe der Ausdrucksweise seiner Zeit zu Felde.

Viele der mittelalterlichen Werke entnehmen ihr Wissen aus den Schriften des Altertums. So bezieht sich Tabernaemontanus in seinem 1591 in Frankfurt erschienenen „Neuw und vollkommen Kreuterbuch" im wesentlichen auf Dioskurides. In dem reich bebilderten „Museum Museorum" (Frankfurt, 1704) schreibt D. Michael Bernhard Valentini, Professor zu Gießen, daß die Gestalt des Weihrauch liefernden Baumes noch ungewiß ist, daß man sich aber sicher sei, „daß er in Arabien bey dem Berg Libano wachse" und der Weihrauch von „allda heilig gehaltenen Leuten also gesamlet werden soll: Sie hacken nemblich des Baumes Rinden und belegen ihn unten mit Matten und Decken / damit der Weyrauch / so herunter fallet / nicht unrein werde. Unterdessen bleibet auch viel an dem Baum hangen welches das allerbeste ist und das Männlein genennet wird / absonderlich wenn er im Sommer geflossen / welcher viel weiser ist / als derjenige, so im Frühling gesamlet wird und roth scheinet". Hier finden wir die Plinius'schen Angaben wieder.

In neuerer Zeit berichten über Botanik und Weihrauchgewinnung unter anderen E. M. Holmes [6.5], A. Engler [6.6], F. N. Hepper [6.4] und R. Pernet [6.13].

Die Gewinnung des Gummiharzes beginnt in den Monaten März und April durch Einschneiden der Stämme (vgl. ausführlicher S. 191). Der in der sekundären Rinde in sogenannten schizogenen Exkretbehältern (Zwischenzellräumen) befindliche Milchsaft tritt durch die Einschnitte aus und erhärtet an der Luft zu einem Gummiharz, d. h. einem Harz, das neben ätherischen Ölen und Harzinhaltsstoffen auch beträchtliche Mengen Polysaccharide (25–30%) enthält.

Die relativ saftigen Blätter dieser Bäume werden von den Beduinen gern an Ziegen und Kamele verfüttert, die Äste dienen als
Brennholz. Dadurch ist der Bestand in einigen Gebieten bereits
gefährdet. Kahle Stämme von Weihrauchbäumen sind dafür
kennzeichnend.

Botanisches über Myrrhe

7

Lange Zeit war der Myrrhebaum in Europa überhaupt nicht exakt bekannt. Erst 1829 beschrieb ihn Christian Gottfried Ehrenberg (1795–1876), der ihn 1826 in Südarabien kennengelernt hatte, im Rahmen eines Preisausschreibens der Medizinisch-botanischen Gesellschaft zu London. Mehr Sicherheit brachten dann Reisen des Franzosen A. Deflers im Jahre 1887 und des Deutschen Georg Schweinfurth (1836–1925) in den Jahren 1888 und 1889. Noch heute sind Botanik und Chemie des Myrrheharzes nicht endgültig geklärt; widersprüchliche Angaben finden sich nach wie vor in der Literatur [7.1, 7.2].

Häufig wurde *Commiphora opobalsamum* (L.) Engl. (*Balsamodendron gileadense* Knth., *B. ehrenbergianum* Berg., *B. meccaensis* Gled. u.a.). aus den Küstenländern des Roten Meeres als Myrrhe-Lieferant angesehen, z.B. noch 1960 von A. F. Thomas [7.3]. Dieser dornenlose, kleine Baum oder Strauch liefert jedoch den im Altertum berühmten Mekkabalsam (vgl. S. 41).

Auch das indische Bdellium aus *Commiphora mukul* (Hook. ex Stocks) Engl. (*Balsamodendron mukul* (Hook. ex Stocks) *C. roxburghii* (Stocks) Engl.) wird von einigen Autoren der Myrrhe zugeordnet [7.5, 7.6]. Als „guggulu" war es wichtige Arznei der altindischen ayurvedischen Medizin [7.10].

Ebenso wird die arabische *Commiphora schimperi* (Berg) Engl. verschiedentlich als Lieferant von Fadhlī-Myrrhe (gafal), andererseits als Produzent von Bdellium [7.18] angegeben.

Wenn man alle verfügbaren Angaben sichtet, so resultiert nach heutigem Kenntnisstand, daß als Stammpflanze der echten Myrrhe (Somalia-Myrrhe, Heerabolmyrrhe) die in Somalia gedeihende Burseracee *Commiphora myrrha* (Nees) Engl., var., *molmol* Engl. (*C. molmol* Engl., *C. myrrha* Holm., *Balsamodendron*

Abb. 7.1: Myrrhe-Baum
(som.: geed malmal) im
Gebiet von Ceel Gaduud
in der Gedo-Region in Süd-
Somalia. Im Hintergrund
ein Nomadenlager
(Foto: J. Janzen)

myrrha Nees) angesehen wird. Von den Somalis wird dieser bis zu 3 m hohe, sparrig verzweigte, dornige Baum als didthin (didin) bezeichnet, das von ihm gewonnene Harz als malmal (molmol) und der Gummianteil als otay (hotai).* Zudem wird unterschieden in zwei Sorten: die ogo-Myrrhe aus den Bergen im Landesinneren (gelb, trocken, bröcklig, sehr bitter) und die guban-Myrrhe aus den hügeligen Ebenen (rötlich, weich, nicht so bitter). In Indien wird diese malmal-Myrrhe als hirabol gehandelt, wovon sich die Bezeichnung Heerabolmyrrhe ableitet. Auch *Commiphora playfairii* Engl. (*Balsamodendron playfairy* Hook.) [7.18], wird heute als Lieferant des Myrrheharzes malmal

* damit identisch ist vermutlich *C.ellenbeckii* in Kenia (dort: melmel)

Abb. 7.2: Bis Anfang des 19. Jahrhunderts war das genaue Aussehen des Myrrhestrauches in Europa kaum bekannt. Hier eine Phantasiezeichnung nach P. Pomet: Der aufrichtige Materialist und Spezerey-Händler, Leipzig 1717. Die Blätter ähneln denen der Art *Commiphora abyssinica*

91

92

(bzw. des Gummiharzes otay) angegeben (vgl. S. 187), früher teilweise aber auch als Produzent für Opakes Bdellium [7.1, 7.2].

Die Sorte Arabische Myrrhe oder Fadhlī-Myrrhe liefert nach verschiedenen Autoren [7.11] *Commiphora abyssinica* Engl. (*Balsamodendron abyssinica* Berg.). Jedoch soll die östlich von Aden gesammelte Arabische Myrrhe eher der (weiter unten beschriebenen) Bisabolmyrrhe ähneln. Teilweise wird noch unterschieden in den Hadash-Baum im südjemenitischen Bergland und den im Fadhlī-Gebiet gedeihenden Qafal-Baum, die als *Commiphora abyssinica* Engl. und *Commiphora simplicifolia* Schwf. (bzw. *C. abyssinica*, var. *simplicifolia*) angesehen werden [7.18]. Andere Quellen wiederum geben *C. simplicifolia* H. Perr. auf Madagskar an. In der älteren Literatur wird *C. abyssinica* teilweise auch der Bezeichnung *C. madagascariensis* Jacq., *Balsamodendron kafal* Knth. oder *Amyris kafal* Forsk. gleichgesetzt.

Nicht mit der echten Heerabolmyrrhe zu verwechseln ist die Bisabolmyrrhe (auch süße oder falsche Myrrhe), die in Somalia als habak hadi (habag-hadi, habbakk haddi) bekannt ist und in Indien als bissabol gehandelt wird. Im angelsächsischen Sprachraum ist sie auch als „perfumed" oder „sweet" bdellium geläufig. Sie weist eine andere chemische Zusammensetzung als die echte Myrrhe auf. Lieferant des Harzes ist der südsomalische Hadi-Baum, der auch im Ogaden gedeiht, in Arabien aber fehlt. Stammpflanze dürfte *Commiphora erythraea* Engl. (*C. erythraea* Holm., var. *glabrescens* Engl.) sein. Von einigen Autoren wird vermutet, es sei die Myrrhe der Bibel gewesen. Neben Bdellium und Gummi arabicum gilt sie als Hauptverfälschungsmittel der Heerabolmyrrhe. Das Holz des Baumes wurde — angeblich als Gafaholz — ebenfalls für Räucherungen verwendet. Neuere chemische Untersuchungen (vgl. S. 171) geben auch die somalische *Commiphora guidotti* als Produzenten von „süßer Myrrhe" (habak hadi) an [7.7].

Mitunter wurde und wird auch das Bursaopopanax aus dem südwestarabischen *Commiphora kataf.* Engl. (*Balsamodendron kataf.* Knth.; *Amyris kataf* Forsk. [7.1]) allgemein der Myrrhe gleichgesetzt. Nach A. Tschirch [7.2] könnte dieses von den Einheimischen qataf genannte Harz mit der Bisabolmyrrhe (vgl. unten) identisch oder nahe verwandt sein. Neue Angaben setzen Opopanax und Bisabolmyrrhe gleich [7.4].

Ebenfalls in Somalia heimisch ist *Commiphora hildebrandtii*

Abb. 7.4: Nahaufnahme eines blühenden Astes eines Myrrhe-Baumes (Foto: J. Janzen)

Abb. 7.5: Ast eines Myrrhe-Baumes (Foto: J. Janzen)

Engl., der Hagar-Baum, dessen Harz habak hagar (xagar) als Myrrhe oder als somalisches Bdellium angesehen wird [7.18]. Es soll der erwähnten guban-Myrrhe ähneln.

Weitere Angaben zu Myrrheproduzenten beziehen sich auf die somalische *Commiphora serrulata* Engl. und die südarabische *Commiphora foliacea*, wobei allerdings nicht sicher ist, ob es sich tatsächlich um eigene Arten handelt.

Neuere chemische Untersuchungen liegen über die in Kenya beheimatete *Commiphora*-Arten *C. incisa* Chiov. (*C. candidula*

Abb. 7.6: *Commiphora myrrha* (= *Balsamodendron myrrha* Nees) (Detailzeichnung nach Berg, D. C., Schmidt, F. F.: Darstellung und Beschreibung sämtlicher in der Pharmakopoe Borussica aufgeführten offizinellen Gewächse oder Stoffe, welche von ihnen in Anwendung kommen, Leipzig 1863)

95

Sprague) [7.8] und *C. glandulosa* Schinz (*C. pyracanthoides* Engl.) aus Süd- und Südwestafrika [7.9] vor (vgl. S. 172 und 177).

Wenig bekannt ist über die Produzenten der in der Literatur erwähnten [7.2] braunrot gefärbten Jemen-Myrrhe und der Persischen Myrrhe sowie die zahlreichen anderen *Commiphora*-Arten, wie die in Ostafrika gedeihende *C. ugogensis* Engl., die eine von der Heerabolmyrrhe verschiedene Myrrheart liefern soll [7.1, 7.2]; *C. zanzibarica* Engl., var. *elongata*; *C. africana*

Abb. 7.7: *Commiphora abyssinica* Engl. (Detailzeichnung nach Koehlers Medicinalpflanzen [Atlas]. Band 1. H. Bermühler, Berlin 1920)

96

Abb. 7.8: Verschiedene, im Handel erhältliche Myrrhe-Sorten. Der einzelne, unzerkleinerte Myrrheklumpen mit einem Durchmesser von etwa 3 cm stammt aus Somalia, wo die „echte" Myrrhe malmal genannt wird
(Foto: J. Janzen)

Abb. 7.9: Zerbrochener großer Harzklumpen der sogenannten „falschen (süßen) Myrrhe" aus *Commiphora guidotti* (somal.: habak hadi/habak cadaad) aus der Bay-Region in Süd-Somalia. Der Längsdurchmesser des größten Stückes beträgt etwa 7 cm)
(Foto: J. Janzen)

Tab. 7.1: Die wesentlichen Vertreter der Gattung *Commiphora* und ihr Verbreitungsgebiet (nach R. Pernet, 1972 [7.15]; Hagers Handbuch der pharmazeutischen Praxis, 1973 [7.12] und H. A. Hoppe, 1975 [7.16], erweitert)

Myrrheproduzenten *

C. myrrha (Nees) Engl, var. *molmol* Engl. (= *C. molmol* Engl., *C. myrrha* Holm., *Balsamodendron myrrha* Nees)	Somalia
C. playfairii Engl. (= *C. p.* (Hook.) Engl., *B. p.* Hook.) **	nördliches Somalia
C. abyssinica Engl. (= *C. a.* (Berg) Engl., *B. a.* Berg., *B. kafal* Knth., *Amyris k.* Forsk, *C. madagascariensis* Jacq.)	Südarabien, Nordäthiopien
C. simplicifolia Schwf. (= *C. abyssinica* Engl., var. *simplicifolia* Schwf.)	Südarabien (Fadhlī-Gebiet)
C. schimperi (Berg) Engl. **	Südarabien, Nordäthiopien
C. hildebrandtii Engl. **	Somalia, Äthiopien
C. serrulata Engl.	Somalia, Sudan
C. foliacea	Südarabien

Myrrhe-ähnliche Harze

C. agallocha (Roxb.) Engl. (= *Amyris commiphora* Roxb., *C. roxburgii* Alston)	nördliches Vorderindien
C. ugogensis Engl.	Ostafrika
C. berryi Engl. (= *Balsamodendron b.* Arn.)	Ostindien

Opopanax *, Bisabol-Myrrhe (süße Myrrhe)

C. erythraea ** Engl. (= *C. e.* Holm., var. *glabrescens* Engl., *C. e.* (Ehrenb.) Engl., *C. e.* (Ehrenb.) Engl., var. *glabrescens* Engl.)	Nordostafrika
C. guidotti	Somalia
C. kataf Engl. (= *B. k.* Knth., *Amyris k.* Forsk.)	
C. holtziana Engl.	Kenia

Bdellium, falsche Myrrhe

C. mukul (Hook. ex Stocks) Engl. (= *C. roxburghii* (Stocks) Engl.)	Ostindien
C. africana (Arn.) Engl. (*C. a.* (A. Rich.) Engl.)	Äthiopien, Erythrea, Sudan, Kenia

* Aus dem Jemen stammt die dunkelrotbraune Handelsware, aus Somalia die Heerabolmyrrhe und aus dem übrigen Südarabien die bräunliche Fadhlī-Myrrhe.
** teilweise auch als Bdelliumproduzent angesehen

* Echtes Opopanax wird kaum noch gehandelt, es stammt von *Opopanax hironicum* und *O. persicum*.
** auch erythracea

98

Bdellium-ähnliches Harz (oder Myrrheart, vgl. S. 89ff.)

C. playfairii (Hook.) Engl.	nördliches Somalia
C. schimperi (Berg) Engl.	Südarabien, Nordäthiopien
C. hildebrandtii Engl.***	Somalia, Äthiopien

*** evtl. identisch mit *C. ogadensis* Chiov. in Kenia

Mekkabalsam

C. opobalsamum (L.) Engl. (= *C. opobalsamum* (L.) Engl., var. *gileadensis* (L.) Engl.; *Balsamodendron gileadense* Knth., *B. opobalsamum* Knth., *B. ehrenbergianum* Berg, *B. meccaensis* Gled., *Amyris gileadense* L., *A. opobalsamum* L.)	Arabien, Syrien, Ägypten, bis hin zur Somaliküste

ohne nähere Angaben

C. aprevali (Baill.) Guill.	Madagaskar
C. boiviniana Engl.	tropisches Afrika
C. merkeri Engl.	tropisches Afrika
C. pervilleana Engl.	Madagaskar (,,Matambelona")
C. pilosa Engl.	tropisches Afrika
C. pyracanthoides Engl. (= *C. glandulosa* Schinz)	tropisches Afrika
C. simplicifolia H. Perr.****	Madagaskar (,,Sangatsy")
C. zimmermannii Engl.	tropisches Afrika

**** nach anderen Produzent von Fadhlī-Myrrhe u. Vorkommen in Südarabien

Engl. (*Balsamodendron africanum* Arn.) (Lieferant von afrikanischem Bdellium oder arabischem Gafal (?)), oder *C. berryi* Engl. (*B. berryi* Arn.) aus Ostindien, deren Harz als Myrrhe-Ersatz empfohlen wird [7.1].
Eine Übersicht zu den wichtigsten Myrrhearten liefert Tab. 7.1. Nach R. Pernet umfaßt die Gattung *Commiphora* Jacq. mehr als 200 Arten vom Roten Meer bis zum südlichen Afrika, 20 Arten auf Madagsakar und 6 in Indien [7.15]. Als Synonym der Gattung gibt er *Heudelotia* A. Rich. an.
Der Name Myrrhe leitet sich von dem bitteren Geschmack des Harzes ab. ,,Bitter" heißt auf arabisch ,,murr", aramäisch ,,murra" und assyrisch-babylonisch ,,murru", während der Artname ,,molmol" (malmal) auf somalisch ,,sehr bitter" bedeutet.

Mitunter wird die Heerabolmyrrhe auch als männliche Myrrhe, die „süße" Myrrhe" als weibliche Myrrhe bezeichnet [7.12].

In der altgriechischen Literatur wurde noch unterschieden in myrrha (myrrhis, smyrna) und stakte, ein öliges Verarbeitungsprodukt des Myrrhenharzes. Zu begrifflichen Verwirrungen, die sich bis in unser Jahrhundert hineinzogen, kam es, als Gaius Plinius Secundus den angeblich selbst ausfließenden Teil des Myrrheharzes als Stakte bezeichnete [7.13, 7.14]. In Arabien war die Myrrhe als murr bekannt, in Turkestan als murd, während man in China von muh-yoh oder yang-muh-yoh sprach. In Sanskrit hieß die Myrrhe vola, in Indien bol, vellaip-polam, balimtra-polam, balata-bola [7.17] und in Ägypten bola oder bal und antiu, änti shu.

Zur Verwendung
von Weihrauch und Myrrhe

8

Wenn auch Weihrauch und Myrrhe den meisten Menschen unserer Tage fast nur noch im Zusammenhang mit religiösen Riten, insbesondere den gottesdienstlichen Handlungen in der katholischen Kirche, ein Begriff sind, gehörten sie im Altertum zu den begehrtesten Kostbarkeiten bei verschiedenen gesellschaftlichen und religiösen Anlässen. Zahlreiche Legenden, Überlieferungen und Dokumente belegen dies [8.1–8.5].
Der schweizer Pharmakognost F. A. Flückiger hat in seiner 1883 in Berlin in 2. Auflage erschienenen „Pharmakognosie des Pflanzenreiches" für das Olibanum wie für viele andere Drogen die bis dato bekannten geschichtlichen Daten zusammengefaßt. Aber auch andere Autoren haben hierzu historisch belegte ebenso wie legendäre Überlieferungen gesammelt und in fachwissenschaftliche Publikationen zur „Auflockerung" der Texte eingefügt. Wie geben nachstehend einige Beispiele.
Eine uralte östliche Legende erzählt, daß der biblische Stammvater Adam bei seiner Vertreibung aus dem Paradies die Erlaubnis bekam, den Weihrauch mitzunehmen. Das im 12. Jh. v. u. Z. aufgezeichnete Gilgamesch-Epos, das literarisch bedeutsamste Werk der alten mesopotamischen Welt, berichtet, wie sich der Urahn aller Menschen, Utnapischti, für die Rettung aus der Sintflut durch Verbrennen von Zedernholz und Myrrhe bei den Göttern bedankte. Auch die Heiligen Drei Könige aus dem Morgenlande brachten nach christlicher Überlieferung (Matthäus 2,16) neben Gold und der ebenso geschätzten Myrrhe dem Christuskind Weihrauch nach Bethlehem. Der Stammvater Moses würdigt die Myrrhe und nennt sie unter den Bestandteilen eines von ihm vorgeschriebenen heiligen Salböls. Der biblischen Geschichte ist zu entnehmen, daß Joseph von seinen

101

Brüdern einer Ismaeliterkarawane verkauft wurde, deren Kamele u.a. Myrrhe trugen (1. Moses 37,26). Es ist wohl nicht übertrieben, wenn man zu der Feststellung gelangt, daß die Myrrhe das wertvollste und beliebteste Harz der biblischen Darstellung ist (Offenbarung 18,3; 2. Moses 30,23; Hohelied 4,6; Matthäus 2,11; Johannes 19,39).

Eines der wesentlichsten Anwendungsgebiete für Weihrauch und Myrrhe war die Räucherung. Der kultische Hintergrund der schon im 5. bis 4. Jahrhundert v.u.Z. praktizierten Rauchopfer bestand bei fast allen damaligen Religionen in der Vorstellung vom „göttlichen Wohlgeruch", in dem die Gläubigen ein „Merkmal göttlichen Lebens, ein Zeichen göttlicher Nähe

Abb. 8.1: Unter den Geschenken der Heiligen Drei Könige an das Christuskind befanden sich auch Weihrauch und Myrrhe. Das Gemälde zeigt, wie dem Christuskind ein Weihrauchgefäß überreicht wird. Ausschnitt aus Meister der Grooteschen Anbetung: Anbetung der Könige (1525), Städelsches Kunstinstitut Frankfurt/M.

102

und eine Form göttlicher Offenbarung" [8.6] sahen. Als Beispiel sei auf eine im Tempel zu Dēr el-Baharī aufgefundene Darstellung einer himmlischen Szene zwischen Gott Amon und Königin Ahmose (um 1550 v. u. Z.) verwiesen. In der Inschrift heißt es u. a. [8.6]: „(Amon) verwandelte sich in die Gestalt der Majestät ihres Gemahls des Königs von Ober- und Unterägypten; sie (Amon und Thot) fanden sie, wie sie ruhte in der Schönheit ihres Palastes. – Sie erwachte von den Gerüchen des Gottes; sie lächelte seiner Majestät zu … Sie freute sich, seine Schönheit zu sehen, seine Liebe ging in ihren Leib, (der Palast) war überflutet von dem Geruche des Gottes, alle seine Düfte waren (Düfte) von Punt."

Zahlreiche Berichte über Olibanum und Myrrhe und ihre kultische Anwendung findet der Interessierte z. B. in „Paulys Realencyclopädie der classischen Altertumswissenschaft" [8.1].

Den größten Einblick in die Kultur frühester vorchristlicher Zeit haben die Historiker wohl für das alte Ägypten, weshalb auch gerade hier die sichersten Hinweise und Beweise für die Anwendung von Harzen als Räuchermittel (Olibanum) oder für Einbalsamierungen (Myrrhe) gefunden wurden.

Nicht nur auf dem beschriebenen Landweg, der arabischen

Abb. 8.2: Die Ägypter laden um 1488 v. u. Z. in Punt grünende Myrrhesträucher (?) (nach W. Raunig, 1973). Foto eines Reliefs im Tempel zu Dēr el-Baharī

Weihrauchstraße, gelangten die begehrten Harze nach Ägypten (vgl. S. 47). Sehr frühzeitig fuhren ägyptische Handelsflotten vermutlich regelmäßig nach dem sagenhaften Lande Ponn, Pun oder Punt [8.1, 8.7], um unter anderen Aromata auch Weihrauch und Myrrhe nach Ägypten zu holen. Dies dokumentieren gut erhaltene Abbildungen in ägyptischen Grabkammern, wobei jedoch unter den Pharmakognosten Uneinigkeit herrscht, ob es sich bei den Reliefdarstellungen jeweils um Weihrauch- oder Myrrhebäume handelt. Einige Autoren glauben, daß vorwiegend die „süße Myrrhe" nach Ägypten eingeführt wurde.

Von den ersten Expeditionen nach Punt erfahren wir aus der Zeit des Sahurē (5. Dynastie, etwa 2455–2443 v. u. Z.), und bereits im „Alten Reich" wurden diese Handelsfahrten zu einer ständigen Einrichtung. Sehr bekannt ist in diesem Zusammenhang die Königin Hatschepsut (18. Dynastie, um 1500 v. u. Z.) durch die Darstellungen im westlich von Theben gelegenen Terrassentempel zu Dēr el-Baharī [8.8]. Die Reliefs zeigen u. a. 31 aus Punt importierte, grünende Weihrauchbäume in Kübeln,

Abb. 8.3: Sehr bekannt geworden sind die Weihrauchexpeditionen der ägyptischen Königin Hatschepsut (1504–1483 v. u. Z.) nach Punt: Die Schiffe werden mit Weihrauchbäumen, Weihrauch, Myrrhe und anderen Schätzen des Landes beladen. (Zeichnung nach den Reliefs im Tempel zu Dēr el-Baharī)

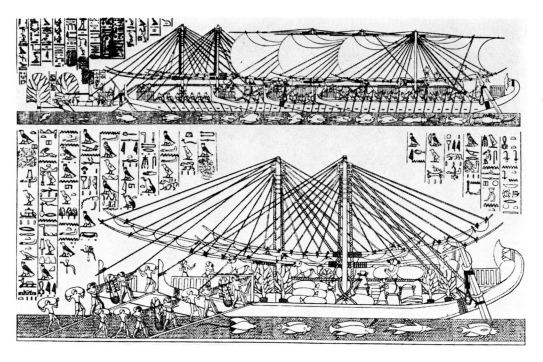

104

und Wandgemälde enthalten u. a. folgende Inschrift: „Das Belasten der Transportschiffe mit einer großen Menge von herrlichen Produkten Arabiens, mit allerlei kostbaren Hölzern des heiligen Landes, mit Haufen von Weihrauchharz, mit grünen Weihrauchbäumen ... Niemals ist gemacht worden ein Transport gleich diesem von irgendeiner Königin seit Erschaffung des Weltalls." [8.8].

Über die geographische Lage von Punt haben sich die Altertumswissenschaftler und Geographen schon lange den Kopf zerbrochen, Einigkeit wurde bis heute noch nicht erzielt [8.1, 8.7]. Doch ist es gut möglich, daß Punt eine zusammenfassende Bezeichnung der Küstengebiete westlich und östlich des Südteils des Roten Meeres und der Bāb el-Mandeb-Straße war [8.7]. Vieles deutet darauf hin, daß sich die Bezeichnung Punt auch auf die südarabische Küstenzone, östlich begrenzt etwa durch die Bucht von Khūrīyā Mūrīyā, sowie auf die Somalihalbinsel bezog.

Wie intensiv der Handel bis um die Jahrtausendwende gewesen sein muß, belegen auch Schriften des Tempellaboratoriums von Edfu aus der Zeit der Ptolemäer (323–30 v. u. Z.), die 14 ver-

Abb. 8.4: Blick zum Terrassentempel der Hatschepsut

105

schiedene Weihrauchsorten ausweisen [8.9]. Tempeldarstellungen zeigen des weiteren unterschiedlich geformte Räuchergefäße.

Dreimal täglich brachten die Ägypter der Sonne ein Räucheropfer dar. Der griechische Geschichtsschreiber Plutarch (um 46–nach 119) berichtet, daß auch im Tempel der Isis täglich dreimal geräuchert wurde, morgens vermutlich mit Olibanum, mittags mit Myrrhe, abends mit „Kyphi" (vgl. S. 121) [8.8]. Zum Einbalsamieren wurde Olibanum allerdings nicht verwendet, hier war stets die Myrrhe wesentlicher Bestandteil.

Aber auch in den „Produktionsgebieten" Südarabien und Somalia selbst verwendete man Weihrauch zur kultischen Räucherung (Räucheropfer); besonders große Mengen werden noch heute in den Grabmählern der Scheichs verräuchert, wo die Weihrauchbrenner nie ausgehen. Im privaten Bereich wurden Räuchergefäße gern auf Aborten aufgestellt, um die Geister zu besänftigen (den angenehmen Geruch und die desinfizierende Wirkung schätzte man dabei sicherlich auch).

Baron Adolph von Wrede (1807–1863), der 1843 als vermutlich erster Europäer nach Hadramaut gelangte [8.1], berichtet, daß man die Räume bis zu sechsmal pro Tag mit Weihrauch durchräucherte. (Erst nach seinem Tode erschien 1873 in Braunschweig — herausgegeben vom Orientreisenden Heinrich von

Abb. 8.5: Ägyptischer König mit unterschiedlichen Weihrauchgefäßen

Maltzahn — sein Reisebericht „A. v. Wredes Reise in Hadramaut".) Wohl unbewußt schützte man sich damit auch gegen Malaria, denn — wie G. Birdwood beobachtete — vertreibt Weihrauch die fieberübertragenden Moskitos aus den Zimmern.

Selbst heute erweist man in einigen afrikanischen und asiatischen Ländern Gästen eine besondere Ehre, wenn man ihre Kleidung mit dem Duft brennenden Weihrauches parfümiert. Männlichen Besuchern wird auch der Bart intensiv eingeduftet. In Sanʿāʾ hat sich bis heute zudem der Brauch erhalten, Krüge über brennenden Weihrauch zu stülpen, die anschließend mit Wasser gefüllt werden. Dieses nimmt dadurch den Geschmack des Weihrauches an und wird u.a. beim Kathkauen (zum in Südarabien sehr verbreiteten Genuß der stimulierenden Blätter des Strauches *Catha edulis* vgl. [8.10]) getrunken. Von den Frauen des dhofarischen Bergstammes der Qarāʾ hingegen wird eine ganz andersartige Olibanumnutzung berichtet [8.1]. Sie setzen Weihrauch einer Paste zu, mit der sie unerwünschte Körperbehaarung entfernen.

Abb. 8.6: Ägyptischer Priester bei zeremoniellen Handlungen mit Weihrauchgefäßen

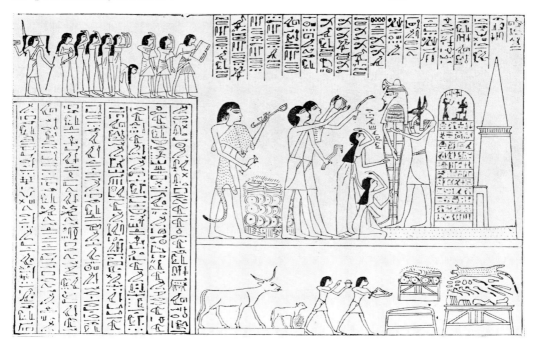

Noch heute setzen sich südarabische Frauen auch über Weihrauchbrenner, um ihre Fruchtbarkeit zu steigern und sich auf den Geschlechtsakt vorzubereiten.

Der schottische Landedelmann James Bruce (1730–1794), der heute als Begründer der modernen Afrikaforschung gilt und als erster Europäer die Nilquellen erreichte, besuchte auf seinem Expeditionsweg auch Massaua, eine kleine Insel unmittelbar vor der abessinischen Küste. Von den Einwohnern der Insel berichtete er, daß es bei ihnen eine angestammte Gewohnheit wäre, „in der Früh vor dem Öffnen der Türen Myrrhe und Weihrauch zu verbrennen, und wenn sie des Nachts oder früh am Tag ausgehen, haben sie immer ein kleines, stark mit beiden durchräuchertes Läppchen bei der Hand, dessen Zipfel sie in die Nasenlöcher stecken, um sich vor der ungesunden Luft zu schützen" [8.11].

Schon das älteste in der ägyptischen Literatur erhaltene Gedicht, das „Lied des Harfners" (um 2000 v. u. Z.) empfiehlt die Myrrhe für den Lebensgenuß mit folgenden Worten:

Abb. 8.7: Ägyptische Hohepriesterin bei der Weihrauchhandhabung

108

„Folge deinem Wunsch, weil du lebst,
lege Myrrhe auf dein Haupt,
kleide dich in feines Linnen,
getränkt mit köstlichen Wohlgerüchen,
den echten Dingen der Götter.
Vermehre deine Wonnen noch mehr,
laß dein Herz nicht müde sein,
folge deinem Wunsch und deinem Vergnügen."

Auch im Alten Testament begegnen uns Myrrhe und Weihrauch nicht nur in rituellen, sondern ebenso in liebesbezogenen Zusammenhängen. Das Hohelied Salomos sagt in Kapitel 4,13 über den Körper der Geliebten, daß er duftet „wie ein Lustgarten von Granatäpfeln und Zyperblumen mit Narden und Safran, Kalmus und Zimt, Weihrauch, Myrrhe und Aloe". Myrrheberg und Weihrauchhügel stehen synonym für die Brüste der Braut (Hohelied 4,6).
Viele der alten Völkerschaften des Nahen und Mittleren Ostens schätzten — wie oben schon dargestellt — das Myrrhe- und das Olibanumharz besonders als Räuchermittel. So wurde

Abb. 8.8: Ägyptische Begräbnisprozession: Ein Priester mit schwelendem Weihrauch (Zeichnungen aus E. G. Cuthbert F. Atchley: A History of the Use of Incense in Divine Worship, London 1909)

von den Assyrern, Persern, Hebräern und Phönikiern Olibanum zu Räucherungen im Tempeldienst verwandt, um den „Bösen Geist" zu vertreiben oder die Götter durch Wohlgerüche zu ehren. Aus den Schriften des Vaters der Geschichtenschreibung, Herodot (um 484–425 v. u. Z.), geht hervor, daß oftmals der Weihrauchverbrauch ungeheuer groß gewesen sein muß, wenngleich Historiker die in einigen Darstellungen genannten Zahlen anzweifeln. Herodot berichtet, daß der Befehlshaber der persischen Flotte zu Beginn des zweiten Feldzuges gegen die Griechen (480) zu Ehren des Apollon auf Delos 300 Talente (1 Talent = 26,2 kg) Weihrauch verbrennen ließ.

Nach Herodot sollen riesige Rauchopfer in den Tempeln Baals (Bels) in Babylon stattgefunden haben, wobei auf einem einzigen Baalfest 1000 Talente Weihrauch verbrannt wurden. Nach anderen Angaben [8.1] war die Weihrauchanwendung im alten Mesopotamien (bei den Babyloniern und Chaldäern) unbekannt und hat erst in hellenistischer Zeit stärkere Verbreitung gefunden.

Von den Phönikiern, die etwa das Gebiet des heutigen Libanon bewohnten, nimmt man an, daß sie Olibanum und Myrrhe

Abb. 8.9: Das Mausoleum von Shaykh Isaaq, dem Stammvater des gleichnamigen Klans, bei Mayt/Nord-Somalia. In derartigen Grabmälern gehört bis heute das Verbrennen von Weihrauch zum Totenkult
(Foto: J. Janzen)

110

frühzeitig in Griechenland eingeführt haben, woman Weihrauch (nach Plinius) zu Räucherungen bei Opfern schon etwa
seit dem trojanischen Krieg anwandte [8.12]. Später nutzte man
die Harze auch für Wahrsagungen und „Zaubereien".

In Syracus soll sich ein Altar befunden haben, von welchem die
Seefahrer, bevor sie ablegten, einen irdenen Becher mitnahmen,
den sie — sobald der Schild vom Tempel der Athene außer
Sichtweite kam — mit Blumen, Honigwaben, Weihrauch und
anderen Aromata ins Meer warfen.

Selbst Weihrauchopfer der „im Dienst der Aphrodite" stehen-
den Tempelprostituierten sind bekannt; sie sollten die Götter
veranlassen, ihnen Liebhaber zu gewähren [8.1].

Und zu einem „zünftigen" Gastmahl sowie Hochzeitsfeiern gehörte es einfach, daß man die gesamte Zeit Myrrhe und Weihrauch auf schwacher Glut verräucherte.

Rom darf in einem solchen illustren Reigen nicht fehlen. Marcus
Porcius Cato Censorius (234–149 v. u. Z.) und Titus Maccius
Plautus (um 250–184 v. u. Z.) berichten darüber. Nach Titus
Livius (59 v. u. Z.–17), der in seinem Werk „Ab urbe condita"
die früheste römische Geschichte beschreibt, soll Weihrauch

Abb. 8.10: Typisches hadra-
mitisches Grabmal bei Saiyūn. Bis heute wird auch an
den südarabischen Heiligen-
gräbern Weihrauch zur To-
tenehrung verbrannt
(Foto: J. Janzen)

Abb. 8.11: In Somalia gebräuchliche Weihrauchbrenner. Außer einfachen tönernen Gefäßen (links und rechts) werden auch handwerklich hochwertige Weihrauchbrenner aus Meerschaum (Mitte) hergestellt. Der Weihrauch in den Gefäßen ist beeyo-Qualität. Bei dem großen Weihrauchzapfen im Vordergrund (Länge etwa 12 cm) handelt es sich um maydi-Qualität
(Foto: J. Janzen)

Abb. 8.12: Schlichter tönerner Weihrauchbrenner aus der Oase Bahlaim Norden des Sultanats Oman. Einfache Gefäße dieser Art finden bis heute in vielen Haushalten Verwendung
(Foto: J. Janzen)

112

bereits im Jahre 246 v. u. Z. kultisch verwendet worden sein; durch „schlimme Vorzeichen" veranlaßt, hatte der Senat ein zweitägiges Betfest abgehalten, bei dem öffentlich Wein und Weihrauch gereicht wurden [8.1]. Hauptsächlich opferte man den Göttern und vergöttlichten Personen (z. B. Kaiserkult); seltener ehrte man lebende Personen mit Weihrauch, wie im Jahre 84 v. u. Z. den Praetor Marius Gratidianus, der eine ernste Wirtschaftskrise glücklich beseitigt hatte und unter dem Volk nahezu göttliche Ehren genoß. In vielen Straßen wurde sein Standbild errichtet, vor dem Weihrauch und Kerzen brannten [8.1]. Auch mit Myrrheharz wurde in Rom geräuchert.

Ähnlich dem griechischen Aphroditekult gestaltete sich der römische Kult der Venus. Quintus Horatius Flaccus (65– 8 v. u. Z.) hoffte beispielsweise, daß Venus ihm die angebetete Glycera geneigt mache, wenn er ihr nur genügend Weihrauch opfere [8.1].

Aber auch als Dankopfer für Rettung aus Gefahr und zu Begräbnissen wurde nicht mit Weihrauch gespart. Nach den Aussagen von Gaius Plinius Secundus soll der römische Kaiser Nero (37–68) zum Begräbnis seiner Gattin Sabina Poppäa im Jahre 65 die gesamte arabische Weihrauchernte eines Jahres verbrannt haben.

Auch die Juden waren im Altertum dem Weihrauch sehr zugetan [8.13]; sie hatten spezielle Weihrauchaltäre; ein nur profaner Olibanumgebrauch wurde streng geahndet. Daneben wurden Myrrhe und Galbanum verwendet, häufig in Mischungen.

Die Myrrhe war auch als profanes Duftmittel (Parfüm und Räuchermittel) bekannt. Bei den zwar von den Priestern vollzogenen, jedoch von Privatpersonen dargebrachten Opfern durfte Olibanum nur beim sogenannten Speiseopfer angewandt werden; verboten war es beim Sündopfer (3. Moses 5, 11, 15) und Eifersuchtsopfer zur Überführung von Ehebrecherinnen [8.1].

Selbst Kriege sind angeblich wegen des Weihrauches und der Myrrhe geplant worden. So meinen einige Historiker, daß Alexander der Große (356–323 v. u. Z.) durch die Wohlhabenheit Arabiens, den Reichtum an Weihrauch- und Myrrhebäumen sowie anderen kostbaren Drogen veranlaßt worden sein soll, Pläne für die Eroberung ganz Arabiens auszuarbeiten [8.1].

Olibanum war in dieser Zeit stets wichtige Kriegsbeute sowie Tribut und Gastgeschenk.

Abb. 8.13: Tönerner, mit Lackfarben bemalter Weih-rauchbrenner aus Salālah in Dhofar. Die Form des als Schiff ausgebildeten Gefäßes läßt Stilelemente der arabischen Dhaus erkennen und unterstreicht damit die traditionell große Bedeutung des Weihrauchhandels auch über den Seeweg (Foto: J. Janzen)

Abb. 8.14: Tönerner, mit Filzstiften bemalter Weih-rauchbrenner aus Dhofar (Foto: J. Janzen)

114

Abb. 8.15: Zwei turmähnliche Weihrauchbrenner. Das weiße, aus einem Stück gefertigte Gefäß, besteht aus Meerschaum und stammt aus dem heutigen Muqdisho (Mogadishu)/Somalia. Der tönerne, mit Filzstiften bemalte Brenner wurde 1977 in Salālah/Sultanat Oman hergestellt. Er setzt sich zusammen aus einem Unterteil mit tür- und fensterähnlichen Öffnungen und einem abnehmbaren Oberteil, das an die Kuppel eines Minarettes oder eines Grabmals erinnert. Die etwa 30 Jahre alten Weihrauchklumpen weisen bereits ein bernsteinähnliches Aussehen auf (Foto: J. Janzen)

Abb. 8.16: Zwei mit Harz gefüllte Weihrauchbrenner aus dem Dhofar-Gebirge in der Südprovinz des Sultanats Oman. Das gebrauchte Gefäß ist an der Rußschwärzung zu erkennen. Die an dem neuen Gefäß sichtbare Schnur dient als Aufhängevorrichtung. Formelemente, wie zinnenbewehrte Ecken des Gefäßrandes und die Öffnungen an den Seiten sind dem Baustil südarabischer Wohnburgen nachempfunden (Foto: J. Janzen)

Abb. 8.17: Zwei mit Weihrauch gefüllte, tassenähnliche Weihrauchbrenner. Stilelemente, wie zinnenartige Randverzierungen sowie Rauten- und Dreiecksmuster sind in der Architektur und im Kunsthandwerk Südarabiens verbreitet (Foto: J. Janzen)

Abb. 8.18: In der omanischen Südprovinz Dhofar verbreitete Arten von Weihrauchbrennern. Alle Gefäße wurden im Jahre 1977 hergestellt (Foto: J. Janzen)

116

Von dem Perserkönig Darius (Dareios I., 521–485 v. u. Z.) wird berichtet, daß er den Arabern einen regelmäßigen jährlichen Tribut von 1000 Talenten Weihrauch abforderte. Bei Ausgrabungen in Persepolis stieß man auch auf die Königsburg des Dareios und fand dabei u. a. zahlreiche Weihrauchgefäße.

Als Athenaios im Jahre 309 v. u. Z. den arabischen Stamm der Nabatäer überfiel, erbeutete er neben 500 Talenten Silber den größten Teil des in ihrem Besitz befindlichen Weihrauches und der Myrrhe.

205 v. u. Z. erkaufte sich der ostarabische Stamm der Gerrhäer vom hellenistischen König Antiochos III. mit 500 Talenten Silber, 1000 Talenten Weihrauch und 1000 Talenten Stakte die Freiheit.

Der römische Dichter Publius Ovidius Naso (43 v. u. Z.–um 18) läßt uns in seinen „Metamorphosen" [8.14] wissen, daß auch Piraten den Weihrauch als wichtige Beute ansahen.

Für die Wertschätzung des Weihrauches als Geschenk seien ebenfalls einige Beispiele ausgewählt. Der biblischen Geschichte zufolge sandte die Königin von Saba' (vermutlich Bilquis, um 950 v. u. Z.) an den König von Israel, Salomo (993–953), Räucherwerk als Geschenk (Jesaja 60,6, 1. Könige 10, 1–13; 2. Chronik 9, 1–12). Der syrische König Seleukos II. Kallinikos und sein Bruder, der König von Kilikien, Antiochus Hierax, stifteten 243 v. u. Z. dem Apollontempel in Didyma bei Milet neben goldenen und silbernen Gefäßen auch 10 Talente Weihrauch, 1 Talent Myrrhe und andere Spezereien [8.1].

Der bereits angeführte Alexander der Große soll in seiner Jugend einmal von seinem Erzieher Leonidas von Tarent scharf getadelt worden sein, als er anläßlich eines Opfers recht verschwenderisch mit Weihrauch umging. Dies solle er erst dann tun, wenn er die Olibanum produzierenden Völker unterworfen habe, so berichtet Plinius. Nach der Einnahme von Gāza (Ghazzah, Ghasa) schickte Alexander seinem Erzieher angeblich 500 Talente Weihrauch und 1000 Talente Myrrhe, damit dieser den Göttern gegenüber nicht mehr knausern müsse, überliefert uns der griechische Dichter Plutarch (um 46–nach 119).

Ja selbst der Geliebten und der Gattin schenkte man anscheinend gern Weihrauch. Ein gewisser Stratophanes prahlt damit und klagt später darüber, ihr dieses kostbare Geschenk gemacht zu haben [8.1]. Marcus Antonius (82–30 v. u. Z.) hingegen nutzte lieber die Einkünfte aus den Balsamgärten Jerichos für Geschenke an seine Geliebte Kleopatra VII. (69–30 v. u. Z.), wie Plutarch zu berichten weiß. Noch in späteren Jahrhunderten sind derartige Geschenke beliebt und begehrt. Der König der Franken, Karl der Große (742–814), erhielt unter anderen Geschenken vom Kalifen Harūn ar Raschīd (763 oder 766–809) auch das Olibanumharz.

Häufig waren aber Weihrauch und Myrrhe nicht „nur" Geschenkartikel. Ihre Zurschaustellung wurde regelrecht zum Ausdruck von Prunksucht und Machtgier. Vom ägyptischen Herrscher Ptolemaios (Ptolemäus) II. Philadelphos (283–247 v. u. Z.) wird berichtet, daß er im berühmten Prunkzug zur Feier der Dyonisien in Alexandria 120 in Purpur gekleidete Knaben, die Myrrhe und Weihrauch trugen, mitgeführt habe, ferner Kamele mit je 300 Pfund Weihrauch, Myrrhe und anderen Aromata, auch 350 goldene Räuchergefäße.

Von den vielfältigen „magischen" Praktiken (s. S. 136) im Zusammenhang mit Weihrauch sei eine Passage aus dem Testament Salomos erwähnt, wo Beelzebub dem König die Anweisung gibt, mit Stakte, Weihrauch, Meerzwiebeln, Narde und Safran zu räuchern, um dadurch sein Haus gegen Erdbeben zu stützen.

Abb. 8.19: Töpferin beim Herstellen eines Weihrauchbrenners im Dhofar-Gebirge im Süden des Sultanats Oman (Foto: J. Janzen)

Ganz generell gehörte der Weihraucheinkauf im Altertum praktisch zum täglichen Leben, wie ein griechisch-lateinischer Sprachführer aus dieser Zeit bezeugt, der auch ein Einkaufsgespräch in einer Drogerie enthält. Ebenso ist in altägyptischen Ausgabebüchern der Ptolemäerzeit der Weihrauch stets enthalten.

Eine kleine Anekdote berichtet, daß der Dichter Anaxandrides aus Kamiros (Mitte 4. Jh. v. u. Z.) seine „durchgefallenen" Komödien als Makulatur ansah und sie als Verpackungsmaterial auf den Weihrauchmarkt gebracht habe.

Nachdem die duftbetonten Sinnesfreuden des Orients bei den Griechen und noch mehr im Römischen Reich ihre Fortsetzung und Steigerung gefunden hatten, wurde mit dem Katholizismus durch pietistische Frömmler und Asketen der Gebrauch von Duftstoffen teils ins Profane abgedrängt, teils einer Sakralisierung untergeordnet. In der frühen christlichen Kultur war bereits einmal für über zweihundert Jahre das mit Myrrhe und Weihrauch betriebene Rauchopfer als „heidnisch" verbannt worden, was u. a. auf die Ablehnung der Juden zurückging, die in „babylonischer Gefangenschaft" mit dem als heidnisch angesehenen Baalkult bekanntgeworden waren. Erst seit der Zeit des römischen Kaisers Konstantin des Großen (um 280–377) (nach anderen erst seit dem 5. Jh.) wurde die Räucherung mit Weihrauch wieder in den gottesdienstlichen Gebrauch übernommen und zum festen Bestandteil der Kulthandlungen in der römischen und griechischen Kirche. (Eine umfassende Übersicht dieser Problematik gibt E. G. C. F. Atchley in seinem 1909 erschienenen Buch „A History of the Use of Incense in Divine Worship" [8.15].)

Als ein Ersatzmittel sowohl für Räucherungen als auch im heiligen Öl der Kirche gestattete Papst Pius V. (1504–1572) 1521 den Weihrauch, der durch jahrtausendelang getriebenen Raubbau knapp geworden war, durch Perubalsam [8.16] zu ersetzen. (Noch in neuerer Zeit hat „künstlicher" Weihrauch anscheinend Bedeutung, wie u. a. die Patentliteratur (DRP 4431 und 4566) beweist.)

In Verbindung mit der Christusgeschichte findet die Myrrhe nicht nur als Geschenk bei Christi Geburt (Matthäus 2,11), sondern auch im Zusammenhang mit seinem Tod (Matthäus 15,23 sowie Johannes 19, 39–40) Erwähnung, denn angeblich haben die Schergen des römischen Statthalters in Judäa, Pontius

Pilatus (gest. 39 u. Z.), dem zum Tode verurteilten Jesus von Nazareth einen mit Myrrhe gewürzten Wein zur Linderung seiner Leiden am Kreuz angeboten. Schon auf dem Weg zur Richtstätte Golgatha war ihm von mitleidvollen jüdischen Frauen ein mit Myrrhe versetztes, betäubendes Getränk gereicht worden (Markus 15, 23), um ihm die Qualen der Kreuztragung zu lindern, das er jedoch mit dem Hinweis auf sein bei vollem Bewußtsein zu vollbringendes Erlösungswerk abgewiesen hatte. Ein solcher Gebrauch von myrrhe- und olibanumhaltigem Wein (vgl. auch S. 142) als Betäubungstrank beim Strafvollzug der Kreuzigung sowie der vorausgehenden Geißelung scheint eine in der Antike gebräuchliche Methode gewesen zu sein [8.17, 8.18], um sie „den Schmerz nicht empfinden zu lassen". Im Babylonischen Talmud (VII, 179) sagt Rabbi Hisda, daß man dem Hinzurichtenden ein Stück Weihrauch in einem Becher Wein gab, um ihm das Bewußtsein zu nehmen [8.1].

Myrrhe und Weihrauch besitzen bis heute ihre dominierende Stellung im gottesdienstlichen Gebrauch der christlichen Kirchen, wobei jedoch der Protestantismus eine Ausnahme bildet. Die Myrrhe ist dabei vornehmlich zum Sinnbild der geweihten Gaben aus dem Morgenland für das Christuskind geworden.

Neben der kultischen Räucherung und den vielfältigsten Anwendungen als „Materia medica" (vgl. Kapitel 9) hat der Weihrauch auch noch verschiedene andere Anwendungsgebiete gehabt (wenn auch niemals in gleich hoher Bedeutung). Hierzu einige Beispiele.

Die Rinde des Weihrauchbaumes war im Altertum in Mischungen beliebt, um Fische zum Fang anzulocken [8.1]. Anlocken wollte sicher auch das weibliche Geschlecht, das Weihrauchpulver zur Gesichts- und Körperpflege verwendete; speziell der sogenannte männliche Weihrauch (vgl. S. 128) wurde, mit „Ammoniaksalz" und anderen Ingredienzien vermischt, zur weiblichen Gesichtspflege empfohlen, Weihrauchruß zum Schwärzen von Lidern und Augenbrauen. Bis heute ist das ätherische Weihrauchöl wegen seines spezifischen Duftes für „schwere" Gerüche und seiner fixierenden Wirkung in der Parfümindustrie geschätzt *. Mit Weihrauch durchräucherten die Orientalen Bart, Kleider und Hausgeräte, und mit Weihrauch reinigte sich der Mann nach dem Beischlaf [8.19]. Wohl unbewußt wurde hier in Verbindung mit dem Wohlgeruch die desinfizierende, antiseptische Wirkung der sich im Räucherprozeß bildenden Phenole

* moderne, Weihrauchöl enthaltende Parfüme:

Relique/Köln
Me !/Frances Denney
Mennen Millionaire/Mennen
Nino Cerruti Pour Homme/Uniperf
Onna/Gary Farn
Sculptura/Jovan
Volcan d' Amour/Diane v. Fürstenburg
Paul Sebastian V.S.O.P./Sebastian
Gambler/Jovan

120

ausgenutzt. In den altägyptischen Schriften finden sich häufig auch Rezepte für „Kyphi", eine Räuchermischung, um den Geruch von Haus und Kleidern angenehmer zu machen. Bestandteile waren [8.20]:

ānti shu (Myrrhe, trocken)
pert shen (Wacholderbeeren)
neter sonter (Weihrauch)
kau (Cyperus)
chet en thesheps (Mastixzweige)
shebet (Bockshorn)
nebat nt tahi (Kalmus aus Syrien)
thekuunu t'emten (Rosinen)
ken nīuben (Styraxsaft)

Die Myrrhe und Stakte waren vor allem Bestandteile wohlriechender Salben, mit denen z. B. im alten Ägypten das Haupthaar gesalbt wurde. Im Kapitel 5,5 des bereits zitierten Hoheliedes sagt Sulamith u. a.:

Abb. 8.20: Ein römischer Soldat reicht Jesus einen mit myrrhehaltigem Wein (?) getränkten Schwamm, um seine Leiden zu lindern (Meister des Aachener Altars: Mitteltafel des Aachener Altars, Schatzkammer zu Aachen)

"Und meine Hände troffen von Myrrhen(salbe) und Myrrhen liefen über meine Finger."

So bildete Myrrhe mit gebranntem Harz, Zimt und Kassia, gelöst in feinem ägyptischen Zachunöl, das Megaleion, was man mit Edelsalbe oder ganz modern nach G. Senn mit Highlife-Cream übersetzen könnte [8.21]. Billige Öle verbesserte man durch den Zusatz von Myrrhe. Auch heute verwendet die Parfümerie noch Myrrheöl *. Die ägyptischen Frauen kauten wohlriechende Mundpastillen aus „Kyphi" und Honig, um einen angenehmen Mundgeruch zu bekommen.

* moderne, Myrrheöl enthaltende Parfüme:
Fidji/Guy Laroche
Onna/Gary Farn
Volcan d' Amour/Diane v. Fürstenburg
Gianni Versace/Charles of the Ritz
Leonard Pour Homme/Frances Denney
KL/Lagerfeld
Le Jardin/Max Factor

Auch Olibanumharz wurde als Kaugewürz verwendet, und häufig wurden aus dem durch Kauen erweichten Harz Statuetten gefertigt, die jeweils eine spezielle Bedeutung hatten. Beim Begräbnis des römischen Staatsmannes Lucius Cornelius Sulla (138–78 v. u. Z.) sollen Figuren des Sulla und eines Liktors aus Weihrauchharz und Zimt angefertigt worden sein. Und Empedokles von Agrigent (um 495–435 v. u. Z.) in Olympia soll nach einem Sieg beim Pferderennen aus Myrrhe, Weihrauch und anderen Aromata einen Stier gefertigt haben, den er unter den Teilnehmern des dazu veranstalteten Festmahles verteilen ließ (Er lebte vegetarisch!) [8.1].

Zerstampfter Weihrauch mit Honig wurde schon im Papyrus Ebers (vgl. S. 125) erwähnt und hat sich bei den ägyptischen Frauen bis ins 20. Jahrhundert als Kaumittel für frischen Atem „gehalten". Die südarabischen Frauen kauen größere, weichere Olibanumstücken (dort auch als weiblicher Weihrauch bezeichnet) vornehmlich während der Schwangerschaft. Unter den Beduinen weitverbreitet ist das Kauen von Weihrauchstücken gegen Magenverstimmung.

Die Myrrhe hingegen nutzten die alten Ägypter zum Würzen des Weines (vgl. S. 142), während man im alten Rom die gereinigten Weinfässer und den Weinkeller mit Myrrhe ausräucherte. Myrrhe galt als Mittel, den Wein lange haltbar zu machen. (Noch heute wird der griechische Retsina-Wein mit Kiefernharzen behandelt.) Gaius Plinius Secundus berichtet aber auch über einen sehr feinen Würzwein oder Likör, den „aromatites", der, mit Myrrhe hergestellt, auch den Damen zu trinken erlaubt war (denen ansonsten der Wein verboten war). Man war im Altertum ferner der Überzeugung, daß mit Weihrauch vermischter Wein Gesunde wahnsinnig mache und im Übermaß sogar tödlich wirke. Der ägyptische Herrscher Ptolemaios (Ptolemäus) IV. Philopator (240–204 v. u. Z.) soll seinem Elefantenwärter befohlen haben, die Tiere mit vielen Handvoll Weihrauch und Wein zu tränken, um sie — dadurch wild gemacht — auf die in Alexandria gefangengehaltenen Juden loszulassen; so berichtet der griechische Geschichtsschreiber Herodian (um 170–240), Verfasser u. a. einer römischen Kaisergeschichte in 8 Büchern.

Selbst zum Vertreiben von Wanzen soll die Weihrauchräucherung beliebt gewesen sein.

Interessant ist auch die Verwendung des Weihrauches für Vorläufer der chemischen Kampfstoffe, z. B. die Herstellung eines schwer löschbaren Brennstoffes, der in Behältern an die feindlichen Stellungen herangebracht und dort entzündet wurde. Er enthielt außer Weihrauch Pech, Schwefel, Werg und Sägemehl von Kienholz. Aus Weihrauchpulver, Quecksilbersublimat, Salmiaksalz und „gelbem Vitriol" erzeugte Dämpfe wurden dazu ausgenutzt, Gegner in unzugänglichen Festungen auszuräuchern.

Schließlich seien als Kuriosa noch zwei technische Weihrauchanwendungen erwähnt. Weihrauchkerzen fanden im alten China als Zeitmesser im Bergbau Verwendung. Und Anfang unseres Jahrhunderts gab es in Deutschland das Kesselsteinverhütungs- und Ablösemittel „Radikal", welches mit Weihrauch versetzt war [8.22].

Heute wird Olibanumharz noch in recht bedeutenden Mengen als Räuchermittel für kirchliche Zwecke angewendet; in geringem Maße als Zusatz zu Pflastern, Zahncremes und Kaugummi, das ätherische Weihrauchöl in der Parfümindustrie. Myrrheprodukte finden ebenfalls in der Parfümerie Verwendung, auch in Kaugummi und Zahnpflegemitteln (z. B. als Trübungsmittel für Mundwässer) und als Carminativa sowie in Tinkturen für entzündliche Prozesse im Mundbereich.

Und wer kennt nicht noch heute die erzgebirgischen Räucherkerzen (Marke Weihrauchduft), die jedes Jahr in der Advents- und Weihnachtszeit ihre mehr oder minder wohlriechenden Düfte verströmen.

Weihrauch als Arzneimittel

9

Wohlgeruch war und ist für den Menschen stets mit der Empfindung des Wohlbefindens eng verknüpft. Wohlbefinden ist gleichbedeutend mit Gesundheit. Das heißt, was Wohlbefinden hervorzurufen vermag, ist damit in einem gewissen Sinn zugleich auch Arznei. So ist über die Jahrtausende hinweg der duftende Balsam mit „heilenden Dämpfen" verknüpft gewesen, und in der „Kräutermedizin" sind das Wissen und die Erfahrungen ungezählter Generationen Heilkundiger gespeichert. Die Therapie mit Riechstoffen, Räuchermitteln und Aromata spielt in der Naturheilkunde bis heute eine gewisse Rolle [9.1–9.3].

So fand auch Weihrauch, d.h. Olibanumharz, sowohl in der Volksmedizin als auch in der Medizin des klassischen Altertums und des Mittelalters zeitweise breite Anwendung [9.4–9.6] (vgl. Tab. 9.1), wobei immer wieder speziell seine Wirkung als Stimulans, Antikatarrhale und Mittel gegen Diarrhoe gerühmt wurde. Aber auch vielfältigste andere Leiden, selbst Krebs, (vgl. Tab. 9.2) wurden mit Weihrauch behandelt.

Das älteste schriftliche Dokument, welches Weihrauch und Myrrhe als Arzneimittel verzeichnet, ist der Papyrus Ebers. Einige Bemerkungen zur Vorgeschichte dieses Papyrus: 1873 erstand der Leipziger Ägyptologieprofessor Georg Moritz Ebers (1837–1898) in der Stadt Luxor am Nil, nahe dem Ruinenfeld von Theben, von einem arabischen Händler einen über 20 m langen Papyrus, den dieser 11 Jahre zuvor zwischen den Beinen einer Mumie gefunden hatte. Das Studium des Materials erbrachte, daß es sich um ein ursprünglich im Besitz König Amenophis I. (16. Jh. v.u.Z.) befindliches Handbuch für praktische Ärzte mit Hinweisen für die Erkennung und Behandlung der damals bekannten inneren Krankheitsbilder und rund 900 Re-

Tab. 9.1: Beispiele für Leiden, die im Altertum mit Weihrauchzubereitungen (Pulver, Extrakte, Öle, Salben, Pflaster, Suppositorien) behandelt wurden [9.5, 9.6]	Anwendung	z. B. bei
	Einläufe gegen Verstopfungen	Hippokrates
	Wundreinigungsmittel	Hippokrates
	austrocknendes, ätzendes Mittel	Hippokrates, Celsus
	Zusatz zu Pflastern gegen das Hlg. Feuer	Celsus
	zur Reinigung der Wöchnerin	Hippokrates
	zum Verkleben blutiger Wunden	Celsus
	zur Förderung der Wundvernarbung	Celsus, Hippokrates, Dioskurides
	gegen Blutfluß (Blutstillung),	Celsus
	auch aus dem Gehirn	Dioskurides
	gegen Blutspucken	Celsus
	Geschwülste	Celsus
	Geschwüre im After, Blutungen und Entzündungen	Dioskurides, Celsus
	sich bildende und bösartige Abszesse	Celsus, Dioskurides
	Katarrh, Husten, Heiserkeit	Galen, Marcellus
	Gicht	Celsus
	das Umsichgreifen von Fleischwucherungen	Celsus
	chronische Magenleiden	Marcellus
	Erkrankungen der Geschlechtsteile	Celsus
	Brustschmerzen	Celsus
	Erkrankungen der Luftröhre und Mandelentzündung	Hippokrates, Celsus, Dioskurides
	Erkrankungen der „edlen Eingeweideteile"	Dioskurides

in verschiedenen Mischungen

	gegen feuchten Brand, krebsartige Geschwüre, Feigwarzen am After	Celsus
	Lähmungen	Celsus
	Gelbsucht	Dioskurides

Salbenzubereitungen

	gegen Brandwunden und Frostbeulen	Hippokrates, Celsus
	Hautknötchen	Celsus
	bösartige Hautausschläge und Krätze	Dioskurides
	Schuppenflechten	Celsus
	Warzen	Dioskurides
	Entzündungen der Brust	Dioskurides
	Entzündungen der Fingernägel	Dioskurides
	Verdickungen im Gesicht	Serenus Sam(m)onicus
	Wucherungen am Mund	Serenus Sam(m)onicus
	blutunterlaufene Stellen unter dem Auge	Dioskurides
	Triefaugen	Celsus, Marcellus
	Narben an den Augen	Celsus
	dunkle Stellen auf den Pupillen	Dioskurides

126

Anwendung	z. B. bei
gegen alle Schädigungen der Augen	Marcellus
Ohrenentzündungen	Celsus
vereiterte Ohren	Celsus, Dioskurides
Ohrengeschwüre	Celsus
Ohrenquetschungen	Dioskurides

zepturen handelte. Der Forscher übergab den Papyrus der Leipziger Universitätsbibliothek [9.7].

In der griechisch-römischen Antike finden wir Weihrauch in den Schriften nahezu aller großen Ärzte, Botaniker, Philosophen und Schriftsteller. Der griechische Arzt Hippokrates von Kos (um 406–377 v. u. Z.) [9.8] empfahl Weihrauch in Mischung mit anderen Drogen u. a. als Abortivum, und im Corpus Hippocraticum (der Gesamtheit der unter Hippokrates' Namen veröffentlichten medizinischen Schriften, wobei nicht klar ist, welche tatsächlich von diesem selbst stammen) zählt Weihrauch zu den am häufigsten genannten bzw. empfohlenen Heilmitteln [9.9].

Auch der wohl größte Botaniker des Altertums, Theophrast von Eresos, widmete dem Weihrauch in seiner „Historia plantarum" [9.10] eine ausführliche medizinische Beschreibung; neben bis heute gültigen sind darin auch unhaltbare Behauptungen enthalten, so z. B., daß Olibanum gegen den schädlichen Genuß des hochgiftigen Gefleckten Schierlings (*Conium maculatum*; mit dem im Jahre 399 v. u. Z. die Hinrichtung des Sokrates erfolgte) helfen könne.

Damit mag es zusammenhängen, daß noch der römische Arzt Cornelius Celsus (25 v. u. Z.–50) das Harz, welches er in vielfältigen Zubereitungen schätzte [9.11], auch zur Bereitung sogenannter Gegengifte empfahl. So war es einer der Bestandteile des als Universalgegengift angesehenen Theriaks, dem Antidotum Mithridaticum, dessen Rezeptur angeblich von König Mithridates VI. Eupator von Pontos (um 132–63 v. u. Z.) überliefert sein soll.

Der Römer Marcus Porcius Cato Censorius glaubte, im Olibanum ein Mittel gegen Band- und Spulwürmer gefunden zu haben.

Der aus Spanien stammende Arzt Pedanios Dioskurides von Anazarba verfaßte um 77/78 seine bedeutende und umfassende

Arzneimittellehre „De materia medica" [9.12]. Neben der als erwärmend, betäubend, austrocknend und adstringierend beschriebenen Myrrhe empfiehlt er den Weihrauch ebenfalls wegen seiner adstringierenden und erwärmenden Kraft als „Materia medica". Unter den in diesem Zusammenhang von ihm angegebenen „Hausmitteln" wird mit Kienholz und Weihrauch abgekochter Knoblauch — im Mund behalten — gegen Zahnschmerzen empfohlen.

Auch der Arztphilosoph Claudius Galenos von Pergamon (Galen, 199–129 v. u. Z.), Verfasser der Schrift „De simplicum medicamentorum temperamentis et facultatibus", nutzte das beliebte Harz [9.13] ebenso, wie es später der aus Bordeaux stammende Marcellus Empiricus (um 400) in seinem Buch „Über Heilmittei" (das auch den Anfang einer Flora von Frankreich beinhaltet) [9.6] mehrfach pries.

Viele der Ärzte des Altertums schätzten den Weihrauch wegen seines günstigen Einflusses auf die Blutstillung und Wundheilung. In geringen Mengen mit Weihrauch versetzter Wein sollte ferner bei Erwachsenen die Stimme stärken und Atembeschwerden bei Kindern lindern.

Nach Gaius Plinius Secundus, der die bekannten Fakten in seiner 37bändigen „Historia naturalis" [9.14] häufig etwas übertrieb, soll Kaiser Nero einmal sein beim nächtlichen Umherstreifen zerschlagenes Gesicht bis zum nächsten Morgen mit einer aufgelegten Mischung aus Weihrauch, Thapsiasaft und Wachs geheilt haben [9.5].

Einen Eindruck von der Vielfalt der Indikationen, die Weihrauch im Altertum seitens der Ärzte nahezu zu einem „Allheilmittel" hochlobten, vermittelt Tab. 9.1.

Viele der in den ersten Jahrhunderten unserer Zeitrechnung erschienenen medizinischen Schriften brachten über Weihrauch keine neuen Erkenntnisse. So stützt sich zum Beispiel ein um 210 u. Z. in Gedichtform abgefaßtes Werk des Quintus Serenus Sam(m)onicus fast gänzlich auf Dioskurides und Plinius [9.6]. Für zahlreiche Rezepte des frühen Mittelalters wurde ausdrücklich sogenannter männlicher Weihrauch, mascula tura (der in Tropfen herabhängende Weihrauch wurde wegen seiner hodenähnlichen Gestalt oft auch als männlicher Weihrauch bezeichnet), verlangt; ihm wurde besonders wunderbare Heilkraft zugeschrieben. Der um die Wende des 4./5. Jh. u. Z. in Rom lebende Verfasser eines „Compendiums der Medizin", Theodorus

Priscianus [9.15], nennt „männlichen" Weihrauch beispielsweise als Mittel für einen empfängnisfördernden Pessar.

Andere Anwendungen waren u. a.: Pflaster bei Schädelbrüchen und Kompressen bei zerschlagenem Gesicht (Celsus); Salben gegen vereiterte Augen (Marcellus) und aufgesprungene Lippen (Priscianus); Pflaster gegen Nasengeschwüre (Priscianus); zahnfleischstärkendes Mittel und Mittel gegen Geschwüre im Mund (Marcellus); Gurgelwasser bei Rachengeschwüren (Priscianus); Tränke gegen Blutspucken (Marcellus); Umschläge gegen Leibschmerzen (Celsus, Marcellus), Milzschmerzen (Priscianus, Marcellus) und zur Kräftigung des Magens (Marcellus); Mittel gegen Schwindsucht, Feigwarzen und Adergeschwülste (Marcellus); Zäpfchen gegen Afterfisteln; Zubereitungen gegen Hautausschläge, Lepra (Marcellus) [9.5] und verschiedenste Krebserkrankungen (vgl. Tab. 9.2).

Dem Manna (bei der Verarbeitung anfallendes Pulver) des Weihrauches wurde hingegen schwächere Wirkung als dem eigentlichen Harz zuerkannt, während man der Rinde des Weihrauchbaumes wiederum eine stärker adstringierende Kraft als dem Olibanum zuschrieb (Galenos). Sie sollte daher zur Bereitung von Tränken gegen das Blutspucken und Zäpfchen gegen Blutfluß geeigneter sein (Dioskurides). Auch der Weihrauchruß ist medizinisch zur Behandlung von Augenentzündungen, Eiterungen, zur Wundreinigung, Blutstillung und sogar zur Behandlung von Krebsgeschwüren genutzt worden, wobei manches natürlich aus heutiger Sicht wie medizinischer Mummenschanz anmutet.

Aber nicht nur in Griechenland und bei den Römern, sondern ebenso im alten Indien war der Weihrauch geschätzt, besonders als Mittel gegen Katarrhe und Blutspucken [9.6].

Gleiches gilt für die großen arabischen Ärzte. In „The Book of Medicines" [9.16], einem aus mehreren selbständigen Schriften des mittelalterlichen Syriens bestehenden Werk, sind allein 80 Rezepte, in denen Weihrauch verwendet wird, enthalten. Viele Indikationen des Altertums finden sich wieder, aber auch neue treten in der mittelalterlichen arabischen Medizin — als wichtiger Vertreter sei nur der Verfasser des bedeutendsten Werkes der arabischen Pharmakognosie „Kitāb al-dschāmi' al-kabīr (Liber magnae collectionis)", Ibn al-Baitar (gest. 1248), genannt — hinzu. Beispiele sind die Behandlung von Nachtblindheit, starkem Herzklopfen, Wundrose (Räucherungen mit

Tab. 9.2: Anwendungen von Weihrauch in der Therapie von Krebs und Wucherungen in der Vergangenheit (nach J. Hartwell, 1968 [9.39])

angegebene Art	Zubereitung	Verwendung gegen	Lit.
Boswellia carteri Birdw.	Paste	Verhärtungen, kleinere Tumoren, wildes Fleisch, Schwielen, Condylome (Feigwarzen), Nasenpolypen, kleinere Penistumoren	[9.40]
,,	–	Krebs	[9.41]
,,	Weihrauchruß	Krebs	[9.42]
,,	Salbe	krebsartige Verhärtungen, Krebs	[9.43]
,,	Breiumschlag	Drüsenepithelkrebs, Tumoren u. Verhärtungen der Testikel, Nasenpolypen	[9.44]
,,	Pflaster	Nasenpolypen, Verhärtungen der Milz	[9.45]
,,	mit Talg	Hühneraugen, Schwielen	[9.46]
,,	mit Rosenöl	Tumoren der Brustwarzen	[9.47]
,,	–	Brust- und Analtumoren	[9.48]
,,	Pflaster, Salbe	Verhärtungen der Milz	[9.49]
,,	Salbe, Pflaster	krebsartige Geschüre Brusttumoren	[9.50]
,,	Pflaster	Nasenpolypen, Carcinome	[9.51]
,,	Salbe	Polypen, Verhärtungen	[9.52]
,,	Pomade	Krebs	[9.53]
,,	Salbe	nichtgeschwürbildenden Krebs	[9.54]
,,	Puder	Krebs	[9.55]
,,	–	Augentumoren	[9.56]
,,	Pflaster mit Mistel	Cacoethes (hartnäckige Krankheiten)	[9.57]
,,	Salbe	Verhärtungen	[9.58]
,,	Balsam	Krebs	[9.59]
Boswellia carteri Birdw.	Pflaster	Brusttumoren	[9.60]
,,	–	Krebs	[9.61]
B. bhawdajiana Birdw.	–	Krebs	[9.41]
	Salbe	krebsartige Verhärtungen, Krebs	[9.43]
,,	Pflaster	Nasenpolypen, Verhärtungen der Milz	[9.45]
,,	mit Talg	Hühneraugen, Schwielen	[9.46]
,,	Pflaster, Salbe	Verhärtungen der Milz	[9.49]

angegebene Art	Zubereitung	Verwendung gegen	Lit.
B. bhaw-dajiana	Salbe, Pflaster	krebsartige Geschwüre, verhärtete Brusttumoren	[9.50]
,,	Pflaster	Nasenpolpyen, Carcinome	[9.51]
,,	Salbe	nichtgeschwürbildenden Krebs	[9.54]
,,	–	Carcinome	[9.62]
,,	Pflaster	Cacoethes	[9.57]
,,	mit Mistel	Cacoethes	[9.63]
B. glabra Roxb.	Pulver	Krebswunden	[9.64]
B. serrata Roxb.	–	tuberkulöse Restherde, Wucherungen der Bindehaut, Krebs, Tumoren	[9.65]
,,	Pflaster	veraltete Geschwüre, Krebs, Verhärtungen der Brust, Analturoren, Verhärtungen von Leber und Zwerchfell	[9.66]
,,	Salbe	Verhärtungen u. Tumoren der Milz	[9.67]
,,	–	Abdominaltumoren	[9.68]
,,	–	Krebsgeschwüre	[9.69]
,,	–	Nasenpolypen	[9.70]
	Getränk	Lebertumoren	
	Pulver	Krebs, Brustwarzenkrebs	
,,	Pulver	Krebswunden, Tumoren	[9.64]
Olibanum	–	Abdominal- u. Augentumoren, Verhärtungen der Glieder, Warzen	[9.71]
,,	–	Uterusverhärtungen	[9.72]
,,	in einem „Theriak"	Verhärtungen von Leber, Milz u.a. Organen	[9.73]
,,	Salbe	Krebs u. Tumoren der Testikel	[9.73]
,,	Pflaster	Verhärtungen der inneren Organe, Ohrentumoren, Verhärtungen von Magen, Leber und Milz	[9.73]
,,	Malagma (erweichender Umschlag)	Tumoren u. Condylome (Feigwarzen)	[9.74]
,,	Breiumschlag oder Pflaster	Verhärtungen von Leber u. Milz	[9.75]
,,	Malagma	Verhärtungen, Krebs, Tumoren, Zahnfleischverhärtungen, Schwielen	[9.75]

angegebene Art	Zubereitung	Verwendung gegen	Lit.
Olibanum	Salbe	Krebs, Verhärtungen von Leber u. Milz	[9.76]
„	Pulver, Dampf	Krebs	[9.77]
„	in Wein	harte Uterusschwellungen	[9.78]
„	Pflaster, Salbe	Krebs	[9.79]
„	–	Augentumoren	[9.80]
„	Bestandteil eines Wund-balsams mit Pech u. Essig	Tumoren, Warzen	[9.81]
„	–	Tränendrüsentumoren	[9.82]

Weihrauch, Thymian und weißen Senfkörnern), Schnupfen (Weihrauchdampf) oder die Verwendung als Anti-Brechmittel. Dabei wußte man zu dosieren, denn der Gebrauch größerer Mengen zieht Kopfschmerz nach sich [9.5]. Ibn al-Uhuwwa (gest. 1329) ermahnt in seinem Handbuch den „muhtasib", dem die Beaufsichtigung der Gewerbetreibenden oblag, er möge darauf achten, daß der Arzt stets die Weihrauchmedizin bei sich trage, die den Blutfluß unterbindet [9.5].

Im frühmittelalterlichen Persien (um 1100) soll Olibanum auch gegen Sommersprossen, Pockennarben und selbst Tollwut verabreicht worden sein [9.17].

Wenden wir uns jedoch nun dem europäischen Raum zu. Die Äbtissin Hildegard von Bingen (um 1089–1179) ist durch ihre „Physika" (hier soviel wie Arzneikunde), ein vier Bücher mit 383 Kapiteln umfassendes Werk, bekannt, das als erste Naturgeschichte Deutschlands angesehen wird. Das Olibanumharz findet in diesem Werk selbstverständlich auch Erwähnung [9.18]. Theophrastus Philippus Aureolus Bombastus von Hohenheim, genannt Paracelsus (1493–1541), wandte ebenfalls den Weihrauch medizinisch an [9.19].

Besonders im Hochmittelalter gelangte das Weihrauchharz in Emulsion oder Pillenform als Stimulans und Antikatarrhale zu großer Bedeutung, wie eine Reihe der bekannten Kräuterbücher ausweist.

Pietro Andrea Mattioli (Matthiolus, 1500–1577), der Leibarzt der Kaiser Ferdinand I. (1503–1564) und Maximilian II. (1527–1576), beschreibt Weihrauch in seinem „New Kreuterbuch" [9.20] als wirksam gegen Blutspeien, Blut- und Bauchflüsse, rote Ruhr, Erbrechen, heftige Magenschmerzen und kalten Husten. In äußerlicher Anwendung wird die wund- und geschwürheilende sowie hautreinigende Wirkung hervorgehoben; auch gegen erfrorene Füße, Brustdrüsenschwellungen stillender Frauen und häufiges Nasenbluten.

D. Johann Schroeders 1686 erschienene „Trefflich versehene Medicin-Chymische Apotheke oder Höchstkostbarer Arzeney-Schatz" meint, daß Weihrauch das Gedächtnis stärke, „wann man des Morgens / Mittags und Abends / wann der Mond im Scorpion gehet / 3 Kernlein einnimmet".

Albrecht von Haller (1708–1777) lobt Mitte des 18. Jahrhunderts in seinem recht bekannt gewordenen Medicinischen Lexicon [9.21] die erwärmende, trocknende, stärkende Wirkung des Mittels gegen Magenschmerzen, Diarrhöe, „Haupt- und Brustschwachheiten" sowie Wassersucht.

Viele solcher Indikationen hielten sich bis ins vergangene Jahrhundert. Der Londoner Arzt Jonathan Pereira (1804–1853) erwähnt in seinem „Handbuch der Heilmittellehre" (deutsche Bearbeitung von R. Buchheim 1842) [9.22] u. a. die stimulierende Wirkung der Droge. Vermutlich lag in dieser Eigenschaft die schon im Altertum bekannte Verwendung von Weihrauchharz als Kaugewürz begründet. Pereira läßt das Harz nicht mehr innerlich geben, führt jedoch eine Reihe „früherer Anwendungen" an, so gegen chronische Diarrhöe, alte Katarrhe, Weißfluß und Tripper (Gonorrhoe).

Nach Posner/Simon [9.23] wird Weihrauch um die Mitte des 19. Jahrhunderts innerlich nicht mehr angewendet. Äußerlich dient das Weihrauchharz jedoch weiterhin zu Pflastern und Salben. G. L. Clarus [9.24] gibt Olibanum 1860 als Bestandteil des Emplastrum aromaticum sive stomachicum an und verwendet es zur Behandlung von Abszessen. Nach R. C. Bentleys und L. K. Trimens „Medical Plants" (1880) [9.25] findet der Weihrauch per os sowie in Form von Räucherungen Anwendung gegen subakute Bronchitis, chronische Lungenleiden, Weißfluß und chronische Kehlkopfentzündung.

Noch um die Jahrhundertwende waren weihrauch- und myrrhehaltige „Lebenselixire" als allgemeine Heil- und Kräftigungsmittel im Handel [9.26].

Der „Karsten/Weber" [9.27] führt 1937 nur noch eine sehr eingeschränkte therapeutische Nutzung in der Medizin an; selten werde das Harz zu Pflastern verwendet, hauptsächlich als Räuchermittel.

Gerhard Madaus gab 1938 [9.28] in Auswertung der aktuellen Literatur und einer Rundfrage noch folgende Anwendungsmöglichkeiten des Olibanum an: Die innere Anwendung soll nur noch selten erfolgen bei veralteten Katarrhen, Heiserkeit, Entzündungen der Rachenschleimhaut, Weißfluß, veralteter Gonorrhoe, langwieriger Diarrhöe, Magenschwäche, Gicht, Rheu-

Übliche Dosierung:

um 0,2 g; 1 Tablette der Pflanzenverreibung „Teep" dreimal täglich (Die „Teep"*-zubereitung ist auf 1% Pflanzensubstanz eingestellt, d.h. enthält 0,0025 g Olibanum pro Tablette.)

Maximaldosis:

Nicht festgesetzt

Rezeptbeispiele:

Gegen Verschleimung der Atmungsorgane und Magenschwäche (nach Friedrich):

Rp.: Olibani 7,3
dissolv. in
Spirit. vini
rect. 14,7
M.d.s.: Zweimal täglich 10 Tropfen auf Zucker nehmen
Rezepturpreis: etwa 1,07 RM

Zu Vaginalsuppositorien bei Abszessen, Adnexitis und Salpingitis (Eierstock- und Eileiterentzündungen) (nach Köhler):

Rp.: Gummi Olibani
Gummi Galbani
Gummi Myrrhae āā 0,2
Ol. Cacao ad 2,0
M.f.: Vaginal-Supposit. Nr. X
D.s.: Abends vor dem Schlafengehen einschieben
Rezepturpreis ad scat. etwa 2,75 RM

Bei torpiden Abszessen (nach Clarus):

Rp.: Cer. flav 36,0   Ol. Caryoph. 0,55
Empl. ceruss. 21,0   Ol. Menthae pip. 0,375
Colophon. 1,5   M.f. emplastrum
Ol. nucist. 2,2   D.s.: Auf die leidenden Stellen
Tacamahac.   auflegen
Olibani āā 6,0
Sapon. dom. 1,5
Balsam Peruvian. 0,75
Rezepturpreis ad oll. tect. etwa 2,95 RM

ma, Blasen- und Nierenleiden. Gegen starkes Herzklopfen und Überfunktion der Schilddrüse (Morbus Basedow) wird Olibanum gemeinsam mit Myrrhe und anderen Balsamen in der Tinctura balsamica (nach Ehmig) empfohlen. Äußerlich wird Olibanum in Salben- und Pflasterform bei Geschwüren, Furunkeln, Geschwülsten, Verhärtungen und eitrigen Entzündungen angewandt; in Form von Suppositorien hat sich Olibanum gegen Abszesse im Beckenbindegewebe, bei Entzündungen von Eierstöcken und Eileitern bewährt. Die nach Madaus üblichen Dosierungen und ausgewählte Rezeptbeispiele zeigt Tab. 9.3.
Moderne Untersuchungen der antimikrobiellen Aktivität des Weihrauchöles aus *Boswellia carteri* zeigten eine gute Wirkung gegen *Staphylococcus aureus, Sarcina lutea, Mycobacterium phlei, Bacillus subtilis, Escherichia coli* und *Neisseria catarrhalis* [9.84]. Auch aktuelle Untersuchungen zur antiphlogistischen Wirkung der Boswellinsäure aus Olibanum (vgl. S. 154) liegen vor, wobei speziell die Wirkung auf das sogenannte Komplementsystem untersucht wurde [9.85], das im Serum und den Körperflüssigkeiten vorkommt. Es gehört zum unspezifischen Teil der Immunabwehr und besteht aus etwa 20 Proteinkomponenten. Bei bestimmten Erkrankungen kommt es zu einer „überschießenden" Reaktion dieses Systems u.a. mit der Folge der Bildung verschiedener Entzündungsfaktoren. Derzeit sind nur wenige Verbindungen bekannt, die dieses System inhibieren können. H. Wagner und Mitarbeiter fanden in neuester Zeit in einem von ihnen entwickelten in vitro-Screeningtest die Boswellinsäure als besten Inhibitor [9.85]. In Konzentrationen von 0,005 bis 0,1 mM war eine Inhibierung des Komplementsystems von 25–90 % zu verzeichnen.
Abschließend sei noch auf einige zum Teil mit magischen Handlungen verbundene Anwendungen in der Volksmedizin hingewiesen. Im Altertum glaubte man beispielsweise, daß Nierensehnen der Hyäne in weihrauchhaltigem Wein zusammen mit gewissen Zaubereien verlorene Fruchtbarkeit zurückbrächten. Eingesalzene Hasenlunge in Weißwein mit Weihrauch sollte gegen Epilepsie helfen; abgestreifte Schlangenhaut in Weihrauchwein sollte das Gebären erleichtern oder Fehlgeburten verursachen, während man mit einer Mischung aus Mäusedreck, Weihrauch und Honigwein Steine austreiben wollte. Reales war mit Phantastischem vermischt, tatsächliche Wirkungen mit „Placeboeffekten" der magischen Handlung.

Einen Absud aus Hermupoa, Myrrhe und Weihrauch schätzte die Volksmedizin gegen Unterleibskrankheiten der Frauen, Frauenmilch mit Weihrauch gegen Brustgeschwüre. Noch im 20. Jahrhundert wurde im Jemen ein aus zerstoßenem Olibanumharz bereitetes Getränk gegen Entzündungen der Harnwege, Schwindsucht und Schrecklähmung gegeben. Die jüdischen Jemenitinnen zündeten unter schwer gebärenden Frauen Weihrauch an; der Rauch sollte in den Körper eindringen und die Geburt fördern. Auch die heutige afrikanische Eingeborenenmedizin nutzt das Harz von *Boswellia carteri*, vor allem als Diureticum, bei Billharziosis und Magenleiden. In Indien gibt man es gegen Rheuma und Nervenleiden, während man aus dem Harz von *Boswellia serrata* Wundsalben sowie Mittel gegen Tumoren und Geschwüre bereitet [9.29]. Immer wieder treffen wir auf Indikationen, die auch die Ärzte des klassischen Altertums angaben.

Noch in einer ganz anderen — kulturgeschichtlich interessanten — Weise ist Weihrauch verwendet worden. Nach verschiedenen Überlieferungen (vgl. [9.5]) sollen die Juden nicht nur die Myrrhe (vgl. S. 120), sondern auch mit Weihrauch versetzten Wein zur Betäubung von zur Hinrichtung Verurteilten gereicht haben, um sie gegen Schmerzen unempfindlich zu machen. In der Tat wurde bei Untersuchungen im Jahre 1970 — allerdings bislang nur im Harz des indischen Weihrauchbaumes *Boswellia serrata* — eine analgetisch und sedierend wirkende (nichtphenolische) Fraktion nachgewiesen [9.30]. Die Droge reduzierte bei Ratten z. B. die spontane motorische Aktivität; ein signifikanter analgetischer Effekt trat innerhalb von 30 Minuten ein und hielt über 2 Stunden an. Die mit Secobarbital bei Ratten hervorgerufene Hypnose wurde potenziert. In Indien wurde Olibanum daher zur Behandlung verschiedener Nervenkrankheiten genutzt [9.31] (vgl. Tab. 9.4).

Von besonderem Interesse sind auch die zahlreichen Hinweise in der alten und älteren Literatur, die auf eine stimulierende Wirkung hinweisen, wie wir schon dargelegt haben. Die Zauberin in Lucians (um 120–nach 180) „Esel" verwendet Weihrauch, bevor sie sich durch Salben mit einer Zaubersalbe in einen Nachtraben verwandelt. Dioskurides beschreibt in seiner Arzneimittellehre den Weihrauch unter anderem auch als betäubend. In der frühen koptischen Zeit (5./6. Jh.) wurde Olibanum vielfältig für magische Praktiken verwendet [9.32]. H. E.

Douval gibt noch in dem 1955 erschienenen Buch „Magie und Toxikologie" [9.33] den Weihrauch als magisches Mittel an, wobei er diese als Mittel, die Bewußtseinsverschiebungen hervorrufen, definiert, und G. B. Gardner meint in seinem „Ursprung und Wirklichkeit der Hexen" (O. W. Barth Verlag, Weilheim 1965), daß die „Hexen" große Mengen Weihrauch benutzt hätten, wobei der starke Geruch die „Bewußtseinszentren" ausschalte.

Es sei auch der Chemiker und Philosoph Ludwig Klages (1872–1956) zitiert [9.34], der im Zusammenhang mit der Problematik der Ekstase feststellte: „Die seelenkundliche Erforschung der Ekstase bedarf der Ergänzung durch eine Wissenschaft von den Berauschungsmitteln. Opium, Haschisch, Koka, Alkohol, ätherische Öle, Weihrauch, Lorbeer, die Solanaceengifte, selbst Nikotin, Koffein, Thein haben wechselweise dem Entselbstungsdrange der Visionäre gedient, und wir dürfen die größten Aufschlüsse über das Wesen des Rausches von einer Wissenschaft der Signaturen erwarten, wie sie im Freskostil die

Tab. 9.4: *Boswellia*-Arten und die medizinische Verwendung ihrer Harze (nach R. Pernet, 1972 [9.83])

Boswellia sp.	Vorkommen	Verwendung
B. bhaw-dajiana Birdw. *B. carteri* Birdw. *B. sacra* Flueck.	tropisches Afrika Somalia Arabien	Pflaster gegen Hühneraugen, Polypen, Tumoren, Krebs im Mittelalter als Atmungsstimulans, menstruationsauslösendes Mittel, gegen Hühneraugen, Polypen, Tumoren und Krebs; bei den Suahelis als harntreibendes Mittel; in Ostafrika gegen Bilharziose; Syphilis und Magenbeschwerden; in Indien gegen Rheumatismus und Nervenerkrankungen
B. dalzielli Hutch.	tropisches Afrika	Antiseptikum bei Harnwegserkrankungen, (Räucherung), Rindenextrakte gegen bakterielle Ruhr
B. serrata Roxb. ex Colebr. (= *B. glabra* Roxb., *B. thurifera* Roxb. ex Flem.)	Indien „Salai"	im Altertum gegen Verhärtungen und Tumoren; der nichtphenolische Anteil der Inhaltsstoffe hat einen antitumoralen, sedativen und analgetischen Effekt

137

Mystik der Renaissance entwarf." Es ist durchaus bemerkens-
wert, daß Klages unter den Beispielen der Berauschungsmittel
den Weihrauch aufführt, und es erhebt sich die Frage, ob die
dem Weihrauch zugeschriebene und für religiöse Kulthandlungen genutzte berauschende Wirkung tatsächlich auch eine chemisch faßbare Grundlage hat.

Aufmerksam geworden auch durch immer wieder beobachtete
Suchtfälle [9.35], haben wir Überlegungen angestellt, welche
Inhaltsstoffe zu diesen Wirkungen führen könnten. Dabei sind
wir darauf gestoßen, daß eine Synthesemöglichkeit für den Ha-
schischinhaltsstoff Δ^8-Tetrahydrocannabinol in der Umsetzung
von Olivetol (5-Pentyl-resorcin) mit Verbenol besteht (vgl. Formelschema 9.1). Verbenol wie auch Phenole und Phenolether
sind mehrfach als Weihrauchinhaltsstoffe beschrieben worden;
daneben können weitere phenolische Strukturen im Verlaufe des
Räucherprozesses gebildet werden, so daß wir der Ansicht sind,
daß die Bildung eines Tetrahydrocannabinol-Grundkörpers —
wenn vielleicht auch mit anderen Substituenten im phenolischen
Molekülteil — durchaus nicht auszuschließen ist (beide Aus-
gangsverbindungsklassen dürften zur Verfügung stehen) [9.36,
9.37] (zur Chemie vgl. S. 153 ff.).

Als wesentlich für die pharmakologische Aktivität der Tetra-
hydrocannabinole werden angenommen (vgl. Formelschema
9.1):

— eine freie phenolische Gruppe,
— ein in 4-Stellung nicht substituierter aromatischer Ring,
— eine Methyl- oder Hydroxymethylgruppe in 9-Stellung.

Auch eine enzymatische Bildung derartiger berauschender und
stimulierender Stoffe während des Kauprozesses oder im Ver-
dauungstrakt kann durchaus in Betracht gezogen werden, wobei
natürlich auch die ätherischen Öle von gewisser Bedeutung
sind.

Damit könnte die sich durch die Jahrhunderte ziehende Verwendung des Weihrauches für kultische Zwecke in einem neuen
Licht erscheinen. Der bislang medizinisch-hygienisch im Vordergrund stehende Gesichtspunkt, daß das Räuchern bei religiösen
Festen (bei denen viele Menschen zusammenkamen und die Gefahr der Verbreitung ansteckender Krankheiten bestand) die
Bildung von Phenolen mit ihrer desinfizierenden, antiseptischen

Wirkung nutzte, gibt somit wohl nur einen Teil der Beliebtheit der Räuchermittel im Altertum, dem Mittelalter und der Neuzeit wieder.

Keinesfalls ist es unsere Absicht, damit den Weihrauch beziehungsweise das Olibanumharz als „gefährliche" Droge zu diskreditieren; aber es ist kulturgeschichtlich wie religionsgeschichtlich wohl doch nicht ohne Interesse, daß die Beliebtheit von Räuchermitteln, wie es das Olibanumharz war und noch ist, nicht nur auf den erwiesenen desinfizierenden, antiseptischen und antiphlogistischen Wirkungen der phenolischen Komponenten und der verschiedenen Terpene beruht, sondern daß auch ein den kultischen Handlungen entgegenkommender stimulierender Effekt erklärbar ist.

Auf die medizinische Verwendung anderer *Boswellia*-Arten weist Tab. 9.4 hin.

Formelbild 9.1: Durch Reaktion von Olivetol mit Verbenol entsteht der Haschischinhaltsstoffe Tetrahydrocannabinol

1: Olivetol (R $= C_5H_{11}$)
2: Verbenol
3: Δ^8-Tetrahydrocannabinol (R $= C_5H_{11}$)

Myrrhe als Arzneimittel

10

Die medizinische Anwendung des Myrrheharzes reicht — wie die des Olibanum — weit ins Altertum zurück [10.1–10.3]. So berichtet Herodot, daß die Perser auf ihrem Zug gegen Griechenland (Persische Kriege: 490–449/48 v. u. Z.) dem heldenmütig kämpfenden Ägineten Pytheas nach dessen Gefangennahme die Wunden mit Myrrhe und Byssosgewebe verbanden. (Bis heute verwendet die ägyptische Volksmedizin gepulverte Myrrhe sowie myrrhehaltige Salben und Pflaster für die Behandlung von Wunden und Geschwüren sowie in Form von Pillen und Latwergen bei chronischem Lungenkatarrh.) Im alten China, wo die Myrrhe ebenfalls bekannt war, galt sie vor allem als Mittel gegen Eiterungen, besonders bei Knochenverletzungen. Hippokrates von Kos beschreibt die Myrrhe als zusammenziehendes und austrocknendes Wundheilmittel.

Es ist bekannt, daß der Arzt Claudius Galenos aus Pergamon im 2. Jh. v. u. Z. gezielt eine „Studienreise" nach Palästina unternahm, um die balsamischen Produkte der Gärten von Jericho selbst in Augenschein zu nehmen. Cornelius Celsus empfiehlt später das Harz bei Augenkrankheiten; gemischt mit Frauenmilch war es in der Antike die Grundlage für eine Augensalbe.

Weitere Indikationen waren Atembeschwerden, Brustschmerzen, Durchfall und Nierenleiden. In Salbenform wurde die Myrrhe auch gegen Finnen und Flechten, in Wein und Öl gelöst gegen Eingeweidewürmer und als Abtreibungsmittel genutzt. Im Theriak hat sie ebenfalls nicht gefehlt.

Unbewußt machten sich die Orientalinnen die desinfizierende und desodorierende Wirkung der Myrrhe zunutze, wenn sie sich nach dem Bade die Achselhöhlen mit Myrrhe einrieben.

Pedanios Dioskurides beschreibt sie in seiner Arzneimittellehre als betäubend, adstringierend und erwärmend. Myrrhehaltiger Wein galt regelrecht als Narkotikum vor Operationen [10.4] (vgl. auch S. 120).

Plutarch schreibt in seiner „Moralia, Isis et Osiris" über die Myrrhe: „Wegen ihres angenehmen, erfrischenden Dampfes wird nicht allein die Luft verändert, der durch sie erschütterte Körper wird auch zum Genusse des Schlafes geschickt gemacht. Die Sorgen, welche den Tag über bedrücken, werden zerstreut, ja auch die Einbildungskraft wird gleich einem Spiegel geglättet."

Er erinnert ferner daran, daß die alten Ägypter die Myrrhe auch bola oder bal nannten, was soviel wie „Vertreibung der Narrheit" bedeutet. Vielleicht ist diese psychologische Komponente der Myrrhewirkung sogar mit ein Grund dafür gewesen, daß Gaius Plinius Secundus Schriften des Plautus zitiert, der über mit Myrrhe gewürzten Wein berichtet hatte, während Aristoteles (384–322 v. u. Z.) in einer Abhandlung über die Trunkenheit behauptet, der Zusatz von Myrrhe zum Wein verhindere dieselbige. (Möglicherweise war es aber nur der scharfe Geschmack solchermaßen behandelter Weine, der von übermäßigem Genuß abgehalten und dadurch die Trunkenheit verhindert hat.)

Keine reale pharmakologische Grundlage hat allerdings die Empfehlung aus dem alten Ägypten, wonach Myrrhe ein Mittel gegen Schlangenbiß und Skorpione sei.

In den Arzneizubereitungen des Mittelalters taucht dann die Myrrhe ebenfalls immer wieder auf.

Ein Zitat aus den altarabischen „Büchern der Erfahrungen" des Ibn al-Baitar lautet: „Wenn die Myrrha mit Meerzwiebelessig vermischt und damit der Mund ausgespült wird, so heilt sie das Bluten des Zahnfleisches" — ferner soll sie lockere Zähne stärken und festigen (vgl. [10.5]).

Auch in dem bekannten altenglischen Rezeptbuch „Physicians of Myddfai" aus dem 13. Jh. finden sich Verwendungen der Myrrhe als Arzneimittel und Kosmetikum.

Bei Paracelsus wird ihre Anwendung häufig hervorgehoben [10.6]. Adam Lonitzer (Lonicerus, 1528–1586) [10.7] machte von ihr Gebrauch gegen Gebrechen, „so von bösen, faulen humoribus herkommen", wie etwas veraltete Fälle von Husten, Brust- und Seitenschmerzen, Bauchflüsse, rote Ruhr, Schnupfen und Flechten. Zahnfleisch und lockere Zähne werden auch nach seinen Erfahrungen gefestigt, die Verdauung wird gefördert. Äußerlich verwendete er die Droge zu Räucherungen gegen Sterilität. Pietro Andrea Mattioli (Matthiolus) [10.8] erweiterte die Anwendungsgebiete auf die Wassersucht, Würmer und Malaria; weiterhin nutzte er Myrrhe zur Wundheilung und als die Menstruation herbeiführendes Mittel sowie als Kosmetikum. Im 16. Jh. war destilliertes Myrrheöl dem römischen Arzt Valerius Cordus (1515–1544) und dem „deutschen Plinius" Conrad Gesner (1516–1565) wohlbekannt.

Die Volksarznei [10.9] verordnete Myrrhe gegen Verschleimungen verschiedenster Organe, speziell Magen, Darm, Lunge, Gebärmutter und Harnblase und riet besonders die Anwendung bei Patienten mit „phlegmatischer, gedunsener, reizloser Natur". Äußerlich nutzte man die Droge gegen brandige Halsgeschwüre, faulende Zähne und schwammiges, zur Blutung neigendes Zahnfleisch; letztere Anwendung wird bis auf den heutigen Tag ärztlich empfohlen.

Christoph Wilhelm Hufeland (1762–1836), der Königliche Leibmedicus und Direktor der Berliner Charité, schätzte das Myrrheharz vor allem als Antiseptikum, Adstringens und Tonikum für Magen, Herz und Nerven [10.10].

Nach F. Hübotter's 1913 veröffentlichtem Bericht wurde die Myrrha sinensis (genaue botanische Zuordnung ist nicht klar!) von den Chinesen gegen Eiterungen von Knochen und Knochenmark gebraucht [10.11].

J. Pereira [10.12] führt in seinem 1842 von R. Buchheim in Deutsch veröffentlichten „Handbuch der Arzneimittellehre" aus, daß die Myrrhe in kleinen Dosen appetitfördernd wirkt und ein angenehmes Wärmegefühl im Magen erregt, dabei gleichzeitig eine leichte Verstopfung verursachend. Der längere Gebrauch solcher geringen Mengen unterstützt nach seinen Angaben durch Hebung des Tonus der Darmmuskulatur die Verdauung, vermehrt die Muskeltätigkeit und setzt übermäßige Sekretion der Schleimhäute auf ein Normalmaß herab. Das weist zunächst auf eine Tonikumwirkung hin.

Hohe Dosen sollen hingegen ein unangenehmes Hitzegefühl im Magen und eine nicht unbedeutende Reizung bewirken, die sich bis zur Gastritis steigern kann. Gleichzeitig stellt sich unter Steigerung der Pulsfrequenz ein fieberhafter Zustand des Gesamtorganismus ein, der mit einem ausgeprägten Wärmegefühl in den Schleimhäuten (besonders denen der Luftwege) verbunden ist. Lokal wirkt die Droge adstringierend und stimulierend.

Nach Kraus [10.13] (1831) besteht hierin eine große Ähnlichkeit mit dem Harz Asa foetida (Stinkasant, Teufelsdreck [10.14]), ebenfalls ein Tonikum und Reizmittel mit „tonisch-balsamischer" Wirkung. Der Unterschied zu diesem Apiaceenharz aus verschiedenen asiatischen *Ferula*-Arten besteht darin, daß die Myrrhe offensichtlich keinen Einfluß auf das Nervensystem ausübt.

Pereira empfiehlt das Harz allgemein bei Erkrankungen mit geringer Gefäßtätigkeit, mit Schwäche der Muskelfasern und übermäßiger Schleimhautsekretion. Besonders geeignet soll die Myrrhetherapie für Patienten mit phlegmatischer Konstitution sein. Im allgemeinen ist eine Kombination der Myrrhe mit anderen tonisierenden Mitteln (wie Eisenpräparaten oder Aloe) empfohlen. Entzündliche Krankheiten und ein plethorischer („blutreicher") Habitus kontraindizieren eine Behandlung mit Myrrhepräparaten.

Zusammengefaßt nennt Pereira folgende Anwendungsgebiete:

— Störungen der Verdauungsorgane auf der Grundlage eines atonischen Zustandes der Darmmuskulatur, z.B. Magenbeschwerden und Blähungen;
— Menstruationsstörungen mit schlaffem Zustand des Körpers, so bei vielen Formen des Ausbleibens der Regel und Anämie;
— gesteigerte Schleimhautsekretion ohne entzündliche Symptome, sondern mit dem Charakter der Schwäche, also bisweilen bei chronischen Lungenkatarrhen. Von der Medikation bei eitriger Sekretion, wie sie bei Lungenschwindsucht vorkomme, sei man abgekommen. Dagegen sprechen Schleimflüsse der Harn-, Geschlechts- und Verdauungsorgane gut auf das Mittel an.
— Schließlich kommt die Myrrhe äußerlich als Zahnpulver, bei Zahnkaries, schwammigem oder geschwürigem Zustand des Zahnfleisches zum Gebrauch. Gurgelwasser, aus einer wäßrigen Verdünnung von Myrrhetinktur bestehend, empfiehlt er gegen Verschwärungen des Schlundes. Bei fauligen Geschwüren beseitigt Myrrhe den unangenehmen Geruch, regt die Granulationen an und verbessert die Sekretionen.

Schömann [10.15] spricht 1857 der Myrrhe auf Grund ihres Schleimgehaltes eine verzögerte und gemilderte Wirkung des darin enthaltenen ätherischen Öles zu. Im allgemeinen soll die Wirkung all dieser Gummiharze durch eine derartige verzögerte Wirkung besonders ausgeprägt auf die „Functionierung des Ganglien- und Unterleibs-Nervenlebens" sein; man reicht dieselben daher gewöhnlich bei atonischen, asthenischen (durch Schwäche gekennzeichneten), hypochondrischen, hysterischen und melancholischen Störungen. Er unterstreicht die Anwendung als stimulierendes Mittel zur Anregung von Kreislauf, Atmung und vegetativen Zentren und schließt sich im übrigen voll den Indikationen Pereiras an, hebt jedoch den spezifischen Einfluß auf die Uteringefäße hervor. Der Monatsfluß soll vermehrt werden und bei ausgebliebener Menstruation durch Myrrhe geholfen werden.

Der bekannte Berliner Toxikologe Louis Lewin (1850–1929) hat in seinem Buch „Die Fruchtabtreibung durch Gifte und andere Mittel" [10.16] über die Verwendung der Myrrhe zur Herbeiführung der Menstruation sowie als Abortivum im Altertum, Mittelalter sowie der Neuzeit bis in unser Jahrhundert vielfältige Beispiele zusammengetragen. Der interessierte Leser sei auf dieses pharmakologisch-toxikologisch wie auch wissenschaftsgeschichtlich bemerkenswerte Buch Lewins ausdrücklich hingewiesen.

Das „Handbuch der speciellen Arzneiverordnungslehre" von Posner/Simon [10.17] schlägt in seiner 3. Auflage von 1859 die Verwendung der Droge in Dampfform zur Inhalation und Räucherung vor und führt verschiedene Rezepte an (z. B. Myrrhe im Verhältnis 1 : 4 vermischt mit Zucker gegen Schwindsucht; mit Sulf. depur. und Sacch. bei akuter Bindehautentzündung und Weißfluß; mit Borax, Crocus und Nelkenöl als menstruationsauslösendes Mittel; mit Ferr. sulf., Bals. Copaiv., Cer. alb. und Plv. Cubeb. bei Gonorrhoe; mit Ferr. sulf. und Extr. Gentian. bei Schleim- und Blutflüssen; mit Aloe, Eisenpulver, Extr. Valer. als menstruationsförderndes Mittel bei Anämie; mit Ferr. sulf., Natr. bicarb., Aqu. Meliss. und Bals. Peruv. als menstruationsauslösendes Mittel; mit Aqua Sambuci, Ammon. hydrochl. Succ. Liquir., Syr. Bals. Peruv. als Expektorans (auswurfförderndes Mittel). — Ferner bei atonischen, leicht blutenden Geschwüren sowie bei skorbutischen und eiternden Mundgeschwüren.

Ein um die Jahrhundertwende häufig zur allgemeinen Stärkung genommenes Mittel war das Augsburger Lebenselixier. Es enthielt [10.71]:

3 Teile auserlesene Myrrhe (gestoßen)
5 Teile Aloe succotrine (gestoßen)
2 Teile Rhabarberwurzel (gestoßen)
1 Teil Enzianwurzel (gestoßen)
1 Teil Calmuswurzel (gestoßen)
1 Teil Ingwerwurzel (gestoßen)
je 0,5 Teile gestoßene Zimtrinde, Nelken, Pomeranzenschalen und Pomeranzenfrüchte
je 1 Teil kleingeschnittenes Tausendgüldenkraut, Pfefferminzkraut, Melissenkraut und Safran.
Mit Spiritus (rektif., 42 Grad Baumé) (40 Teile) und 15 Teilen destilliertem Wasser wurde die Mischung 14 Tage bei mäßiger Wärme aufbewahrt, dann ausgepreßt und filtriert.

R. Wasicky [10.18] bezeichnete Ende der zwanziger Jahre die lokale Wirkung nicht als adstringierend, sondern infolge des ätherischen Öles als desinfizierend und reizend.

G. Madaus faßte 1938 [10.19] in Auswertung der aktuellen Literatur und einer Rundfrage noch folgende Anwendungsmöglichkeiten der Myrrhe zusammen: Sehr gut wirkt die Myrrhe (lokal angewandt) bei allen entzündlichen Erkrankungen im Bereich der Mundhöhle (Mundentzündung, Mundfäule, Zahnfleischentzündung, Mundfäule, Zahnfleischentzündung, Rachenschleimhautentzündung und Skorbut). Auch bei Weißfluß, Eierstockentzündung und Eileiterentzündung werden Spülungen mit Myrrhe, Galbanum und Olibanum empfohlen; ebenso günstig wird auch die Wundheilung beeinflußt (So konnte eine mit Myrrhentinktur behandelte Schürfwunde in einem Drittel der Zeit für die unbehandelte Wunde abgeheilt werden.). Gegen Rose wird das Einreiben mit einer Salbenzubereitung empfohlen. Die innere Anwendung erfolgt vor allem bei Verschleimungen der Verdauungs- und Respirationsorgane (z.B. Bronchitis mit übermäßiger Schleimsekretion) und anderen Erkrankungen von Schleimhäuten. Auch bei Hämorrhoiden und Leberschwellung soll die Myrrhe hilfreich sein. Bei Arteriosklerose lobt F. H. Schmidt Myrrhe im Wechsel mit Aurum (Gold) und Arnica, und bei ausbleibender Menstruation empfiehlt W. Bau-

146

mann Myrrhe in der homöopathischen Verdünnung D1–D3 (zusammengefaßt bei G. Madaus [10.19]). Die nach Madaus üblichen Dosierungen und Rezeptbeispiele zeigt Tabelle 10.1. Die vielfältigen Anwendungen der Myrrhe zur Bekämpfung von Krebsen und anderen Zellwucherungen, die in der Vergangenheit beschrieben wurden, faßt Tab. 10.2 zusammen. Möglicherweise hat diese Verwendung einen realen stofflichen Hintergrund im Gehalt der Droge an bestimmten Sesquiterpenen bzw. Sesquiterpenlactonen (vgl. S. 176). Bei verschiedenen Sesquiterpenlactonen wurde in den letzten Jahren neben der antimikrobiellen, antiphlogistischen, antiarthritischen und cardiotonen Wirkung auch ein antitumoraler Effekt nachgewiesen (vgl. zusammenfassend [10.72]).

Bis in die Gegenwart (z.B. Arzneibuch der DDR, DAB 8 u.a. [10.20]) ist Myrrhetinktur für entzündliche Prozesse im Mund-Rachenbereich offizinell [10.21].

Übliche Dosierung:

0,3–0,9 g;
0,3–1,5 g in Pillenform oder als Pulver;
6–10 Tropfen Myrrhetinktur;
1 Tablette der Pflanzenverreibung „Teep" drei- bis viermal täglich
(Die „Teep"zubereitung ist auf 10% Pflanzensubstanz eingestellt,
d.h. enthält 0,025 g Myrrhe pro Tablette).

Homöpathie:

Verdünnung D1 bis D3

Maximaldosis:

nicht festgesetzt; Gaben von 2–4 g sollen nicht unbedenklich sein

---

Rezeptbeispiele:

Gegen empfindliche Schleimhautaffektionen (Nat. Form):
Rp.: Myrrhae
      Galbani   āā 8,77
      Asae foetidae   2,93
      Sirupi   q.s.
      F. pilul. Nr. 90
      D.s.: Dreistündlich 1 Pille zu nehmen
Rezepturpreis ad scat. etwa 1,99 RM
Gegen Schwindsucht (nach Hoffmann):
Rp.: Myrrhae pulv. subt.   10,0
      Saccari albi   50,0
      M.d.s.: Viermal täglich 1 Teelöffel voll zu nehmen
Rezepturpreis ad scat. etwa 1,28 RM

Tab. 10.1: Dosierung und Rezeptbeispiele von Myrrhe aus dem Jahre 1938 (nach G. Madaus, 1938 [10.19])

Gegen Verschleimung der Atmungsorgane (nach Hecker):

Rp.:	Myrrhae	4,75	Sirupi Ammon	30,0
	Gummi arabici	1,8	M.d.s.: Dreistündlich
	Aquae Hyssopi	120,0		1 Eßlöffel voll
				zu nehmen

Rezepturpreis etwa 1,62 RM

Gegen eiternde Wunden als Verbandwasser:

Rp.: Tinct. Myrrhe
Arnicae ad us. ext.   āā 15,0
D.s.: Ungefähr auf 1 l Wasser unter Zusatz von etwas
Rosenwasser. Die Kompresse in das Wasser tauchen
und täglich zweimal erneuern.

Gegen Wundliegen (nach Berolin):

Rp.: Tinct. Myrrhae   1,0
Zinci sulfurici   2,5
Plumbi acetici   5,0
Vaselini americani   41,5
M.f. unguentum
D.s.: Zum Einreiben der aufliegenden Stellen

Rezepturpreis etwa 1,49 RM

Abschließend sei noch erwähnt, daß andere *Commiphora*-Arten medizinisch ebenfalls eine beträchtliche Rolle spielen (vgl. Tab. 10.3). Hierfür sei ein besonders typisches Beispiel ausgewählt: In der traditionellen indischen Medizin (ayurvedische Medizin [10.22]) war „gum-guggulu", das Harz aus *Commiphora mukul*, ein wichtiges Mittel gegen entzündliche Prozesse, speziell rheumatischer Art, sowie Fettsucht [10.23–10.25]. In den sechziger und siebziger Jahren unseres Jahrhunderts beschäftigte man sich in Indien nochmals recht intensiv mit diesem Pflanzenprodukt, nachdem u.a. verschiedene Ketosteroide (Guggulusterone) chemisch identifiziert und isoliert wurden (vgl. Kapitel 12). Dabei fand man u.a. auch eine hypocholesterolische und hypolipidische Wirkung (d.h. Herabsetzung des Cholesterol- und Lipidspiegels), die eine Behandlung ischämischer Herzkrankheiten nahelegte [10.26–10.32]. Man vermutet, daß diese Wirkung auf eine Beeinflussung der Schilddrüsenfunktion zurückzuführen sei. 1984 konnten Y. B. Tripathi und Mitarbeiter eine solche schilddrüsenstimulierende Wirkung der Guggulusterone bei Albinoratten experimentell belegen [10.33]. Nachgewiesen wurde auch der therapeutische Wert bei Myocardinfarkten und Thromboembolien durch Inhibierung der Blutplättchenaggregation [10.34].

148

angegebene Art	Zubereitung	Verwendung gegen	Lit.
Commiphora abyssinica (Berg) Engl.	Saft	Drüsenepithelkrebs	[10.36]
„ (aber: Opopanax)	Pflaster	Carcinome, krebsartige Geschwüre	[10.37]
„	Pulver	krebsartige Geschwüre	[10.38]
C. molmol Engl.	mit anderen Pflanzen	Krebs	[10.39]
C. myrrha (Nees) Engl.	Räucherung	Uterustumoren	[10.40]
„	Breiumschlag, Pulver	Krebs, Verhärtungen von Leber, Milz u. Uterus, Brustkrebs	[10.41]
„	Pflaster	Verhärtung d. Leber	
„	Salbe	Krebs, Cacoethes (hartnäckige Krankheiten)	[10.42]
„	Abkochung in Wollfett und Essig	Uterusverhärtungen, Sehnentumoren	[10.43]
„	mit Aloe	Tränendrüsentumoren	[10.44]
„	Salbe, Pillen mit Ambrosia (= Schafgarbe)	Tumoren, Krebs, Verhärtungen von Leber u. Milz	[10.45]
	Pflaster	Verhärtungen von Magen, Leber u. Milz	
„	Pflaster	Nasenpolypen, Carcinome krebsartige Geschwüre	[10.38]
„	Pflaster	Augenabszesse	[10.46]
„	in einem „Theriak"	Lebertumoren	[10.47]
„	Pulver	Zahnfleischkrebs	[10.48]
„	mit Limonensaft	Tumoren	[10.49]
„	–	Polypen	[10.50]
C. myrrha (Nees) Engl.	Pflaster o. Salbe	Krebs	[10.51]
Myrrhe (allgemein)	–	Tumoren der Augen, Nase, des Kopfes, Verhärtungen der Glieder	[10.52]
„	Kataplasma (heißer Brei) gemischt mit Wein	Nasenpolypen Analcondylome (Feigwarzen), Verhärtungen der Leber	[10.53]

Tab. 10.2: Anwendungen von Myrrhe in der Therapie von Krebs und Wucherungen in der Vergangenheit (nach J. Hartwell, 1968 [10.35])

Tab. 10.2: (Fortsetzung)

angegebene Art	Zubereitung	Verwendung gegen	Lit.
,,	–	Verhärtungen d. Leber, Tumoren d. Milz, Leber, Nieren u. Testikel	[10.54]
	Malagma (erweichender Umschlag)	Tumoren, Condylome	
,,	Pflaster	Nasenpolypen, Schlundtumoren	[10.55]
,,	Pflaster	Magenverhärtungen	[10.56]
,,	in einem ,,Theriak"	Verhärtungen von Leber und Milz	[10.57]
,,	in Wein	harte Uterusschwellungen	[10.58]
,,	Breiumschlag, Pflaster	Brustwarzenkrebs, Brusttumoren	[10.59]
,,	Pulver in Wein	Brustkrebs	[10.60]
,,	–	maligne Geschwüre	[10.61]
,,	in Amberöl als Pessar	Verhärtungen und Tumoren des Uterus	[10.62]
,,	–	Krebs der Leber, Milz u. d. Uterus	[10.63]
,,	–	Augenlidwarzen, Tränendrüsentumoren	[10.64]
,,	–	,,kalte" Tumoren	[10.65]
,,	mit Limonensaft	Tumoren	[10.66]
,,	–	Gelenktumoren	[10.67]
,,	Kataplasma	krebsartige Knospungen des Augenlides	[10.68]
,,	Tinktur	Krebs	[10.69]

Tab. 10.3: *Commiphora-*Arten und die medizinische Verwendung ihrer Harze (nach R. Pernet, 1972 [10.70])

Commiphora sp.	Vorkommen	Verwendung
C. myrrha Engl.	Arabien, libysche und somalische Küste	magenstärkendes, hustenlösendes Mittel; menstruationsauslösend, krampfstillend, antitumoral, Gurgelmittel gegen Skorbut
C. schimperi Engl.	Äthiopien, Erythrea	krampflösendes Mittel
C. abyssinica Engl.	von Äthiopien bis Jemen	stimulierendes, hustenlösendes Mittel; gegen Lepra, syphilitische Geschwüre, Drüsenepithelkrebs u.a. Carcinome

150

Commiphora sp.	Vorkommen	Verwendung
C. agallocha Engl. (= *C. roxburghii* Alston, *Amyris commiphora* Roxb.)	Indien	gegen Tumoren
C. africana Engl.	Äthiopien, Subsahara-Afrika „afrikanisches Bdellium"	gegen Krampfzustände, Tumoren und Krebs, Abwehrmittel gegen Termiten; Rindenextrakte gegen Lepra, Syphilis, Darmentzündungen und zur Förderung der Spermabildung; Blätter als schmerzlinderndes, einschläferndes Mittel
C. aprevali (Baill.) Guill.	Madagaskar	Rinde zur Wundheilung und gegen Hautentzündungen
C. boiviniana Engl.	tropisches Afrika	harntreibendes Mittel, gegen Bilharziose
C. merkeri Engl.	tropisches Afrika	von den Massai zur Behandlung von Hautkrankheiten
C. mukul Engl.	Indien „indisches Bdellium"	adstringierendes und schweißtreibendes Mittel, gegen Fieber und Rheumatismus; als Aphrodisiakum
C. opobalsamum Engl. (= *Amyris opobalsamum* L., *A. gileadense* L.)	Arabien, Somalia, „Mekka-Balsam"	vernarbendes und magenstärkendes Mittel, parasitizide Wirkung, gegen Skorpionstiche und Schlangenbisse, gegen Tumoren und Krebs
C. pilosa Engl.	tropisches Afrika	gegen Schlangenbisse
C. simplicifolia H. Perr.	Madagaskar	Extrakt der Stiele und Wurzeln gegen Halsschmerzen, Angina, Zahnfleischentzündung und Mundfäule; Rinde gegen Gewebeblutungen
C. zimmermannii Engl.	tropisches Afrika	Extrakt der Wurzeln bei verdorbenem Magen und Fieber
C. pyrancanthoides Engl. (*C. glandulosa* Schinz)	tropisches Afrika	der Absud der Stiele gilt als tödlich

151

Zur Chemie des Weihrauches

11

Das Olibanumharz bildet nach dem Trocknen kleine runde oder tränenförmige Körper von matter weißgelber bis rötlichgelber oder bräunlicher Farbe. Der Geschmack ist aromatisch und bitter. Olibanum ist beim Erhitzen schmelzbar und zersetzt sich unter Verbreitung eines balsamischen spezifischen Geruches.

Der erste Versuch einer chemischen Bearbeitung von Olibanum findet sich in der 1788 in Erlangen erschienenen Dissertation eines Johann Ernst Baer „Experimenta chemica cum Gummi-Resinis nonnullis instituta". Im Jahre 1839 wurden von F. W. Johnston erste Elementaranalysen durchgeführt [11.1], und 1840 beschäftigte sich J. Stenhouse mit dem ätherischen Weihrauchöl [11.2].

Mitte des vergangenen Jahrhunderts wurden schließlich folgende Hauptbestandteile angegeben: Harz, Gummi, Bitterstoff, Bassorin, 3–8% ätherisches Öl und etwa 3% Asche.

Die ersten ausgedehnten zuverlässigen Untersuchungen wurden um die Jahrhundertwende von Alexander Tschirch und Oscar Halbey vorgenommen. Nach den 1898 publizierten Ergebnissen sollten etwa 33% der Droge aus einer kristallisierenden Säure der Summenformel $C_{32}H_{52}O_4$, der Boswellinsäure, (sowie 1,5% Ester) bestehen, die bei 142 °C sintert und bei 150 °C schmilzt. Über die Struktur war noch nichts bekannt [11.3].

Zur Gewinnung der Säure wurde die Droge zunächst mit 90%-igem Alkohol extrahiert und konzentriert, anschließend in viel mit Salzsäure angesäuertes Wasser gegeben. Das ausfallende Harz wurde mit Wasser geknetet und mehrmals umgefällt, das ätherische Öl abdestilliert, wobei das Reinharz ausfiel. Dieses wurde in Ether gelöst und die Lösung mit konzentrierter Natronlauge geschüttelt. Nach einiger Zeit setzte sich das Natrium-

* in Harzen enthaltene ungesättigte organische Verbindungen

salz der Boswellinsäure ab. Neben der Boswellinsäure fanden
Tschirch und Halbey noch 35% eines Resens * (Olibanoresen),
das in den üblichen Lösungsmitteln löslich war, dazu 0,5%
Bitterstoff und 20% Gummi.

Nach 1930, als schon einige Harze bekannt und strukturell auf-
geklärt waren, wandten sich verschiedene Arbeitsgruppen erneut
dem Weihrauch zu und isolierten nach Extraktion mit Ether und
Behandlung mit Barytlauge ein kristallines Säuregemisch. Genauere Untersuchungen in der Folgezeit erbrachten, daß es sich

Formelbild 11.1: Weih-
rauchtypische Triterpen-
säuren der Amyrinreihe

1 : α-Boswellinsäure [3-Hy-
    droxy-olean-12-en-23(oder
    24)-carbonsäure]
2 : β-Boswellinsäure [3-Hy-
    droxy-urs-12-en-23(oder
    24)-carbonsäure]
3 : R = H, R′ = OH, R″ = H:
    11-Hydroxy-β-boswellin-
    säure
    R = H, R′ = R″ = O: 11-
    Keto-β-boswellinsäure
    R = Ac, R′ = OH, R″ = H: 3-
    Acetyl-11-hydroxy-β-bos-
    wellinsäure
    R = Ac, R′ = R″ = O: 3-Ace-
    tyl-11-keto-β-boswellin-
    säure

Formelbild 11.2: Tirucallensäuren aus dem Harz von
Boswellia serrata

1 : X = α-OH, β-H: Tirucal-
    lensäuren
    X = α-H, β-OH
    X = O: 3-Oxoelema-8,24-
    dien-21-carbonsäure

bei den Boswellinsäuren (auch Boswellsäuren) chemisch um Triterpensäuren handelt (vgl. Formelschema 11.1), die in die α- bzw. β-Amyrinreihe einzuordnen sind [11.4], wie z. B. die α- und β-Boswellinsäure oder die 11α-Hydroxy-β-boswellinsäure. Verschiedene Derivate konnten nachgewiesen werden. L. Vertesy beschreibt 1966 in seiner Dissertation die Strukturaufklärung der 11-Keto-β-boswellinsäure nach fraktionierter Kristallisation, Veresterung zum Methylesteracetat und chromatographischer Reinigung [11.5]. S. Corsano und C. Iavarone gewannen aus der „Säurefraktion" des Olibanum den Methylester der 3-Acetyl-11-hydroxy-β-boswellinsäure (= 3-Acetyl-11-hydroxy-urs-12-en-24-carbonsäure) [11.6]. Von S. Corsano und G. Picconi wurde 1962 im Etherextrakt auch noch eine andere Säure, die 8-Oxoelema-8,24-dien-21-carbonsäure, beschrieben [11.7] (Formelschema 11.2).

Verwandte sogenannte Tirucallensäuren (Formelschema 11.2) wurden 1978 von R. S. Pardhy und S. C. Bhattacharyya neben der o. g. Elemadienonsäure (sowie β-Boswellinsäure, Acetyl-β-boswellinsäure, 11-Keto-β-boswellinsäure und Acetyl-11-keto-β-boswellinsäure) aus *Boswellia serrata* Roxb. isoliert [11.8].

H.-G. Fährmann gibt 1950 in seiner Dissertation über die medizinische Verwendung von Harzen [11.9] an, daß das Rohharz zu etwa 66% aus Reinharz besteht, das sich zu annähernd gleichen Teilen aus Boswellinsäuren und chemisch indifferenten Olibanoresenen zusammensetzt. Die Ölfraktion des Olibanum wird zu 6% angegeben, weiterhin Gummi zu 20%, Bassorin zu 6—8%, Pflanzenreste zu 2—4% und Bitterstoff zu 0,5%. Vertesy teilte 1966 die Inhaltsstoffe des Reinharzes in folgende Gruppen ein:

5— 9% ätherisches Öl
15—16% Harzsäuren
25—30% etherunlösliche Bestandteile
45—55% etherlösliche Bestandteile.

In den etherunlöslichen Bestandteilen des Weihrauches fand man neutrale und saure Polysaccharide [11.10], auf die wir hier nicht näher eingehen wollen.

Mit der Aufklärung der etherlöslichen Neutralteile beschäftigte sich die bereits zitierte Dissertation von Vertesy [11.5]. Nach Abtrennung der sauren Fraktion aus dem Dichlormethanextrakt konnte er unter Anwendung chromatographischer Methoden vier Typen höherer Terpene isolieren (Formelschema 11.3):

* Inversion an einem
asymmetrischen Zentrum
wird durch das Präfix
„epi" ausgedrückt.

55% α- und β-epi-Amyrin-acetat (= 3α-Acetoxy-Δ^{12}-ursen bzw. 3α-Acetoxy-Δ^{12}-oleanen) *

1% α- und β-Amyrenon (Δ^{12}-Ursen-3-on und Δ^{12}-Oleanen-3-on)

8% α- und β-Amyrin

4% Sesquiterpengemisch mit Viridiflorol als Hauptkomponente. Daneben wurden Triterpene mit einer $\Delta^{9(11),12}$ Diengruppierung nachgewiesen [11.5]. Insgesamt machen die genannten Verbindungen etwa 18% des Weihrauches aus.

Hingegen beschreiben S. Corsano und Mitarbeiter Ende der sechziger Jahre den Diterpenalkohol Incensol, der das Grund-

Formelbild 11.3: Höhere Terpene aus Olibanum-harzen

1: Viridiflorol (Sesquiterpen)
2: Lupeol (Triterpen)
3: R=H,R′=H: α-Amyrin
(3-Hydroxy-urs-12-en)
R=Ac,R′=H: α-Amyrin-acetat (3α-Acetoxy-urs-12-en) (RO)=R′=O: α-Amyrenon (Urs-12-en-3-on) (Triterpene)
4: R=H,R′=H: β-Amyrin
(3.-Hydroxy-olean-12-en)
R=Ac,R′=H: β-Amyrin-acetat (3α-Acetoxy-olean-12-en)
(RO)=R′=O: β-Amy-renon(Olean-12-en-3-on) (Triterpene)
5: 3β-Acetoxy-16(S),20(R)-di-hydroxy-dammar-24-en (Triterpen)

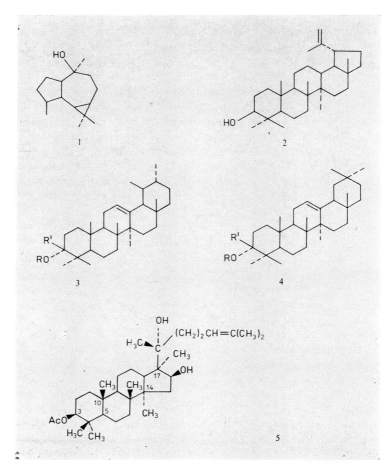

gerüst des Cembrans aufweist, als Hauptbestandteil der Neutralfraktion. Strukturell handelt es sich dabei um das 12-Isopropyl-
1,5,9-trimethyl-1,12-oxido-5,9-cyclotetradecadien-2-ol [11.11].
Auch ein Incensol- und ein Isoincensol-oxid wurden in geringen Mengen gefunden [11.12–11.15] (Formelschema 11.4).
Ausgehend von diesen Unterschieden seien, bevor wir uns dem
ätherischen Öl des Weihrauches zuwenden, einige neuere Aspekte zur Problematik der Olibanumanalytik eingeschoben.
Die Ende der siebziger Jahre bei DRAGOCO Holzminden gelaufenen Arbeiten zur Untersuchung der Olibanumöle ergaben
deutliche Unterschiede, die auch die teils divergierenden älteren
Literaturangaben zu erklären vermögen.

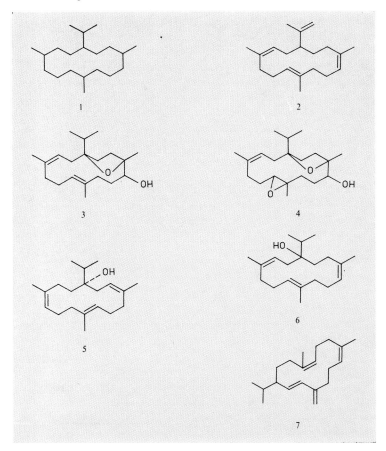

Formelbild 11.4: Diterpene mit Cembrangerüst aus Weihrauchharzen

1: Cembran
2: Cembren A
3: Incensol
4: Iso-Incensoloxid
5: Cembren-1-ol (≡ Serratol?)
6: Serratol (≡ Cembren-1-ol?
7: Isocembren

157

Eine eindeutige Zuordnung der jeweils ermittelten Inhaltsstoffe zu konkreten botanischen Herkünften war jedoch auch hier nicht möglich, da diese nicht unzweifelhaft zu ermitteln waren. Unterschieden werden konnte nur in die Handelssorten „Aden" und „Eritrea", wobei chemisch und geruchlich die weiteren Handelssorten „Somalia" und „indisch" der Adensorte sehr ähnlich sein sollen [11.16].

Während H. Obermann und Mitarbeiter aus dem Olibanum der Handelssorte „Aden" die von L. Vertesy beschriebenen Triterpene [11.5] erhielten, fanden sie im Harz der Handelssorte „Eritrea" als Hauptbestandteil Incensol und -Derivate in den von S. Corsano und R. Nicoletti für das Harz von *Boswellia carteri* (nach Angabe der Autoren) beschriebenen Mengen [11.11]. Im Adenharz konnten sie Incensol nur in Spuren nachweisen [11.16]. Im Eritreaharz identifizierten Obermann und Mitarbeiter ferner das uns bei den Myrrheinhaltsstoffen noch begegnende Cembren A [11.16] sowie im Adenharz (nach Angabe der Autoren aus *Boswellia carteri*) ein weiteres bislang unbekanntes Cembrenol, das sie als (S)-1-Isopropyl-4,8,12-trimethyl-cyclotetradeca-3E,7E,11E-trien-1-ol beschreiben [11.17].

S. Pardhy und S. C. Bhattacharyya beschreiben im Harz von *Boswellia serrata* ein weiteres Cembrenol-Derivat, das sie als Serratol bezeichnen [11.18] (vgl. Formelschema 11.4). Beide dürften identisch sein.

Derartige gravierende Unterschiede wurden auch für die ätherischen Olibanumöle gefunden.

Das destillierte Weihrauchöl war schon in der Zeit von Valerius Cordus bekannt. Als „oleum thuris" findet es sich in der Apothekertaxe der Stadt Berlin vom Jahre 1574 und im Dispensatorium Noricum aus dem Jahre 1589. Spezielle Beobachtungen über die Bestandteile des Weihrauches und das ätherische Öl machte J. E. Baer in seiner Dissertation 1788 (Erlangen). Gewonnen wird das Öl (3–9%) durch Wasserdampfdestillation.

Erstmalig wurde die Zusammensetzung des ätherischen Weihrauchöles 1840 von J. Stenhouse [11.2] untersucht, wobei Gemische mit — je nach Herkunft — wechselnder Zusammensetzung von 14 Monoterpenen isoliert wurden. Nach diesen älteren Angaben enthält das Olibanumöl Pinen (= Oliben einiger älterer Autoren [11.19]), Dipenten, Phellandren, Cadinen und sauerstoffhaltige Verbindungen, wie das von E. Fromm und E. Autin beschriebene [11.20, 11.21] Olibanol ($C_{10}H_{16}O$), das bei Oxidation die Pinononsäure liefert. Dabei wurde von einigen Autoren noch unterschieden in α-Olibanol, das sich beim Erhitzen in β-Olibanol umwandelt; in anderen Ölen wurde γ-Olibanol gefunden [11.21]. Nur das β-Olibanol konnte zu Pinononsäure oxidiert werden. Da Verbenon ($C_{10}H_{14}O$) ebenfalls oxidativ Pinononsäure ergibt, wurde eine nahe Verwandtschaft angenommen. Später fanden A. Blumann und L. Schulz, daß es sich um ein Gemisch aus Verbenon und Verbenol, neben anderen Terpenalkoholen (wie d-Borneol), handelt [11.22].

Der „Gildemeister/Hoffmann", das Standardwerk über ätherische Öle [11.23], gibt sowohl links- als auch rechtsdrehende Olibanumöle an (vgl. auch [11.24]). Inhaltsstoffe der linksdrehenden Öle sind l-α-Pinen, Dipenten, Phellandren und Cadinen. Für das rechtsdrehende Öl werden d,l- und d-α-Pinen, β-Pinen, Camphen, p-Cymen, Dipenten und als sauerstoffhaltige Verbindungen d-Borneol (als Ester), Verbenol, Verbenon und d,l-Carvonhydrat angegeben [11.23] (vgl. Formelschema 11.5). D. de Rijke und Mitarbeiter fanden Cresole, Carvacrol, Campholen- und 10-Thujansäure [11.42].

Neuere Angaben beschreiben im Olibanumöl auch 27 Sesquiterpene, die in Tab. 11.1 zusammengefaßt sind [11.25], [11.36] (vgl. auch Formelschema 11.6). Obermann konnte das α-Pinen als Hauptkomponente (43%) des „Adenöles" bestätigen, während es im „Eritreaöl" nur zu 4,6% enthalten ist und Octylacetat mit 52% den Hauptanteil stellt [11.16]. Verbenon war im „Adenöl" zu 6,5% enthalten [11.16]. Im einzelnen sind die in den Ölen des Weihrauches der Sorten „Aden" und „Eritrea" aufgefundenen Verbindungen in den Tabellen 11.2 bis 11.4 zusammengestellt (vgl. auch Formelschema 11.5).

Auch in den Säurefraktionen unterscheiden sich beide Öle beträchtlich, wie Tab. 11.5 ausweist. Nur das „Adenöl" enthält α- und β-Boswellinsäure. Hauptbestandteil der Säurefraktion des „Eritreaöls" ist Laurinsäure [11.26] (vgl. auch Formelschema 11.7).

Die neuesten Untersuchungen des Weihrauchöls (vgl. auch Tab. 11.1) stammen von P. Maupetit [11.43], der 86 Verbindungen identifizierte und von S. M. Abdel Wahab und Mitarbeitern [11.38], die 62,1% Ester; 15,4% Alkohole; 9,9% Monoterpene und 7,1% Diterpene; als Hauptbestandteile 60,0% 1-Octylacetat und 12,7% 1-Octanol angeben. Insgesamt wurden 33 Inhaltsstoffe strukturell charakterisiert (vgl. dazu Ta-

Formelbild 11.5: Mono- und Sesquiterpene sowie strukturverwandte Aromaten* und Sauerstoffverbindungen aus Weihrauchölen

1: α-Pinen
2: β-Pinen
3: Limonen
4: α-Phellandren
5: β-Phellandren
6: Camphen
7: α-Thujen
8: Terpinolen
9: (p-Cymen)*
10: Sabinen
11: α-Terpinen
12: Myrcen
13: β-Cadinen
14: d-Borneol
15: Carvon
16: Verbenol
17: Verbenon
18: 1,8-Cineol
19: Linalool
20: Pinocarveol
21: Terpine-4-ol
22: (Thymol)*
23: δ-Cadinol
24: α-Campholenaldehyd

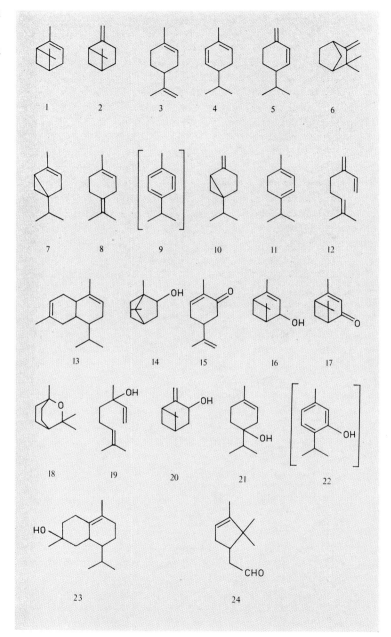

belle 11.1). Erstmals nachgewiesen wurden dabei u. a. o-Methyl-anisol, cis- und trans-Ocimen, 1-Decanol, Citronellylacetat, Nerylacetat, Geranylacetat, 1-Decyl-acetat, Hexylhexanoat, Hexyloctanoat und Isocembren. Nicht gefunden wurden von letzteren Autoren die anderweitig bereits beschriebenen Komponenten [11.11] [11.13] [11.16] [11.25] [11.36] α- und β-

Tab. 11.1: Inhaltsstoffe des Olibanumöls

a. Sesquiterpene nach R. L. Yates und J. A. Wenninger, 1970 [11.25]

β- und δ-Elemen	allo-Aromadendren
α-Cubeben	Thujopsen
α- und β-Ylangen	α- und γ-Humulen
α- und β-Copaen	Selina-4,11-dien
β-Bourbonen	α- und γ-Muurolen
α-Curjunen	α- und β-Selinen
trans-α-Bergamoten	β_1-, δ- und γ-Cadinen
α-Guaien	Calamenen
Caryophyllen	α-Calacoren
Aromadendren	„Cubeben"

b. Inhaltsstoffe des arabischen Olibanumöls nach S. A. Higazy et al., 1973/74 [11.36]

α-Thujen	trans-α-Bergamoten
α- und β-Pinen	allo-Aromadendren
Sabinen	α-Muurolen
Myrcen	α- und β-Selinen
α- und β-Phellandren	Caryophyllen
Limonen	α- und β-Humulen
p-Cymen	Farnesan
α- und γ-Terpinen	Farnesen
Terpinolen	trans-β-Farnesen
Terpinen-4-ol	Farnesol
α-Terpinylacetat	Borneol
Homomycren	Bornylacetat
α-Copaen	Carvon
β-Ylangen	trans-Pinocarveol
β- und δ-Guaien	Verbenon
β-, γ- und δ-Cadinen	trans-Verbenol
α-Cubeben	p-Mentha-1,5-dien-7-ol
β-Bourbonen	Ethyllaurat
Anisaldehyd	

c. Inhaltsstoffe nach L. Peyron et al., 1980 [11.37]

α-Thujen	α- und γ-Terpinen	Copaen
α- und β-Pinen	Terpinolen	α-Guaien
Sabinen	α- und β-Phellandren	Caryophyllen
Myrcen	Limonen	Borneol
Camphen	p-Cymen	Verbenon
Octylacetat		

Tab. 11.1: (Fortsetzung)

d. Zusammensetzung eines Weihrauchöls aus dem Harz von *Boswellia carteri* nach S. M. Abdel Wahab et al., 1987 [11.38]

physikalisch-chemische Daten

spezifisches Gewicht (25 °C): 0,802
Brechungsindex (25 °C): 1,6892
optische Drehung (1 %ige
Lösung in Ethanol): $d_D^{25°} = -47°$

α-Thujen	1,4 [%]	α-Terpineol	0,1 [%]
α-Pinen	3,5	Terpinen-4-ol	0,2
Camphen	0,7	1-Octyl-acetat	60,0
Sabinen	0,3	Bornylacetat	1,1
β-Pinen	0,4	Citronellylacetat	Spuren
Myrcen	0,2	Nerylacetat	Spuren
o-Methyl-anisol	Spuren	Geranylacetat	0,3
α-Terpinen	Spuren	Hexylhexanoat	0,1
Hexylacetat	0,1	1-Decyl-acetat	0,3
p-Cymen	0,5	Hexyloctanoat	0,2
1,8-Cineol	1,6	Isocembren	1,8
Limonen	1,7	Cembren	1,4
cis-β-Ocimen	0,2	Isoincensol	0,8
trans-β-Ocimen	1,3	Incensol	2,7
γ-Terpinen	0,1	unbekannte	
1-Octanol	12,7	Verbindungen	1,5
Terpinolen	0,1		
Linalool	2,0		
1-Decanol	0,4		

Tab. 11.2: Untersuchung des terpen- und sesquiterpen- verminderten Olibanumöls der Handelsware ,,Aden'' zum Nachweis von Diterpe- nen (nach H. Obermann, 1977 [11.16])

Inhaltsstoffe	(%)
trans-Pinocarveol	9,0
Terpinen-4-ol	8,0
Thymol ⎱ Bornylacetat ⎰	2,6
δ-Cadinol	3,0
Sesquiterpen M = 220	12,0
Sesquiterpen M = 222	5,5
Sesquiterpen M = 222	10,0
Incensol ⎱ Cembrenol $C_{20}H_{34}O$ ⎰	4,3

162

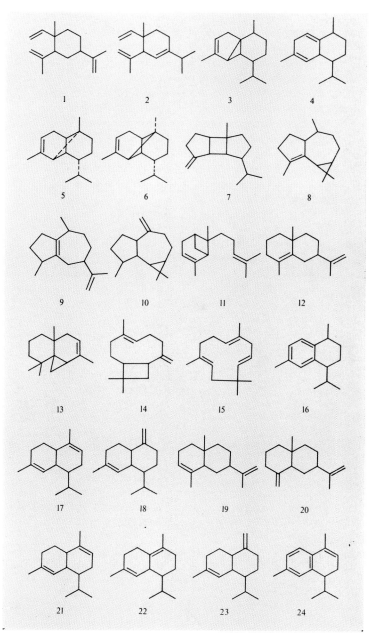

Formelbild 11.6: Sesquiterpene aus Olibanumölen

1: β-Elemen
2: δ-Elemen
3: α-Cubeben
4: ,,Cubeben"
5: α-Ylangen
6: α-Copaen
7: β-Bourbonen
8: α-Gurjunen
9: α-Guaien
10: Aromadendren
11: α-Bergamoten
12: Selina-4,11-dien
(Eudesma-4,11-dien)
13: Thujopsen
14: β-Caryophyllen
15: α-Humulen
16: Calamenen
17: α-Muurolen
18: γ-Muurolen
19: β-Selinen (α-Eudesmen)
20: β-Selinen (β-Eudesmen)
21: β_1-Cadinen
22: δ-Cadinen
23: γ-Cadinen
24: α-Calacoren

Phellandren, Carvon, Borneol, trans-Pinocarveol, Menthadien-7-ol, Verbenon, trans-Verbenol, Terpinylacetat, Incensoloxid, Isoincensoloxid, Incensolacetat und Sesquiterpene.

Die grundsätzlichen Bestandteile des indischen Weihrauches aus *Boswellia serrata* sind nach E. Gildemeister und F. Hoffmann [11.23]: 10–12% Wasser, 55–57% Harz, 20–23% Gummi, 8–9% ätherisches Öl und 4–5% Unlösliches. Für das ätherische Öl wird folgende Zusammensetzung angegeben [11.23, 11.27]: d-α-Thujen als Hauptbestandteil, α-Pinen und d-α-Phellandren sowie Sesquiterpene in geringen Mengen.

D-α-Thujen, d-Limonen und möglicherweise Terpinolen werden 1964 von P. P. Bhargava und B. L. Chowdhri beschrieben [11.28] (Formelschema 11.5).

In den höhersiedenden Anteilen des Öles (über 190 °C) gibt O. D. Roberts [11.29] an: 3,4% Ester (als Terpinylacetat), 30,8% Alkohole (Terpineol und etwas Sesquiterpenalkohol), 0,4% Anisaldehyd und andere Aldehyde, 23% Phenolether (in der Hauptsache Methylchavicol) (vgl. Formelschema 11.8) und 41,2% eines viskosen, Sesquiterpene enthaltenen Rückstandes. Zudem konnte reichlich Enzym (Oxidase) nachgewiesen werden. Auch für das Harz von *Boswellia frereana* (maydi, maidi in-

Tab. 11.3: Inhaltsstoffe des Olibanumöls der Handelsware „Eritrea" (nach H. Obermann, 1977 [11.16])

Inhaltsstoffe	(%)	Inhaltsstoffe	(%)
α-Pinen	4,6	Octylacetat	52,0
Camphen	1,1	Bornylacetat	1,0
Methoxytoluen Hexylacetat	1,5	Cembren A	2,3
Limonen 1,8-Cineol	5,8	Incensol	2,4
Octanol	8,0	Incensolacetat	4,3
Linalool	2,5	unbek. Diterpene	2,0

Tab. 11.4: Inhaltsstoffe des Olibanumöls der Handelsware „Aden" (nach H. Obermann, 1977 [11.16])

Inhaltsstoffe	(%)	Inhaltsstoffe	(%)
α-Pinen	43,0	1,8-Cineol	1,0
Camphen	2,0	p-Cymen	7,5
β-Pinen	1,5	Campholenaldehyd	1,5
Sabinen	1,0	Verbenon	6,5
o-Cymen	0,5	Octylacetat	1,5
Limonen	6,0		

164

cense, meydi) liegen neuere Untersuchungen vor. M. Bachstedt und G. Cavallini isolierten 1947 α- und β-Pinen sowie d,l-Carvonhydrat [11.30]; G. Strappaghetti und Mitarbeiter 1982 α-Pinen, Sabinen, Myrcen, α-Terpinen, Limonen, p-Cymen, α-Cubeben, Terpinen-4-ol, Cembren, Isocembren (vgl. Formelschemata 11.4 bis 11.6) und zwei unbekannte Monoterpene $C_{10}H_{16}$ und $C_{10}H_{18}O$. Hauptkomponente war das p-Cymen [11.31]. Auch die Triterpene Lupeol und epi-Lupeol wurden im Harz von *Boswellia frereana* [11.32] gefunden. Ebenso wurden Triterpene vom Dammarantyp (vgl. Formelschema 11.3) cha-

Formelbild 11.7: Säuren aus Olibanumölen

1: Laurinsäure
2: Palmitinsäure
3: Geraniumsäure
4: Myrtensäure
5: cis-Thujan-10-säure
6: trans-Thujan-10-säure
7: Perillasäure
8: (Cuminsäure)
9: Campholytsäure
10: γ-Campholensäure
11: α-Campholensäure

165

rakterisiert [11.35]. Die Autoren sprechen dabei stets von Weihrauch (frankincense, incense, majdi incense). Die von G. Proietti et al. angegebene somalische Bezeichnung „beyo" wird allerdings nicht für das Harz von *Boswellia frereana*, sondern für das *Boswellia carteri*-Harz verwendet (vgl. S. 73). Untersuchungen der Weihrauchpyrolysate wurden 1979 von E. Klein und H. Obermann [11.40] und 1981 von L. Peyron [11.37, 11.41] bekannt, die eine Vielzahl von Komponenten identifizieren konnten, darunter verschiedenste phenolische Produkte, Furfurale und Pyrazine. Anfang der achtziger Jahre arbeiteten auch M. Pailer und Mitarbeiter am Olibanumpyrolysat

Tab. 11.5: Zusammensetzung der Säurefraktion * ** der Olibanumöle (nach H. Obermann, 1978 [11.26])

* Das Wasserdampfdestillat des „Aden"olibanum enthält etwa 1,5 % organische, mit NaOH extrahierbare Säuren.
** Die Säuren liegen im Harz vermutlich als Ester vor.
*** Das Olibanumpyrolysat des „Aden"olibanum enthält die gleichen Säuren (mit Ausnahme der thermisch instabilen Thujan-10-säuren), dazu Essigsäure, n-Buttersäure, n-Valeriansäure, Benzoesäure und Monoterpensäuren (Cuminsäure, Perillasäure).

Öl der Handelsware	
„Eritrea"	„Aden" ***
Spuren von:	**Spuren von:**
Geraniumsäure	Campholytsäure
Capronsäure (C_6)	α- und γ-Campholensäure
Önanthsäure (C_7)	cis- und trans-Thujan-10-säure
Caprylsäure (C_8)	Myrtensäure
Pelargonsäure (C_9)	Geraniumsäure
Caprinsäure (C_{10})	Laurinsäure
Hauptbestandteil:	Palmitinsäure
Laurinsäure	nicht identifizierbare Verbindungen
	Hauptbestandteil:
	α- und β-Boswellinsäure

Tab. 11.6: Inhaltsstoffe des Weihrauchpyrolsates aus *Boswellia carteri* der Adenqualität (nach M. Pailer et al., 1981 [11.33])

α- und γ-Campolenaldehyd	Thujon
Cuminaldehyd	Myrtensäure
Carvotanaceton	p-Menth-4-en-3-on
Phellandral	(Δ^4-p-Menthen-2-on)
o-Methylacetophenon	3,6,6-Trimethyl-norpinan-2-on
Carvon	Myrtenal
Perillaaldehyd	2,4-Dimethyl-acetophenon
Eucarvon	Pinocamphon oder Isopinocamphon
1-Acetal-4-isopropenyl-cyclopenten	Isopropylidencyclohexan
Piperiton	α-Amyrenon
Nopinon	11-Keto-α-amyrenon
Crypton	5-Hydroxy-p-menth-6-en-2-on
Verbenon	10-Hydroxy-4-cadinen-3-on
	1,2,4-Trihydroxy-p-methan

166

[11.33]. Untersuchungsmaterial war nach Angaben der Autoren das Harz von *Boswellia carteri* der Adenqualität.

Am besten reproduzierbar erwies sich die Pyrolyse des Rückstandes eines Diethyletherextraktes zwischen 250 und 310 °C (Badtemperatur). Nach säulenchromatographischer Vortrennung und GC/MS-Analyse konnten — neben einer Vielzahl nicht identifizierbarer Verbindungen — die in Tab. 11.6 enthal-

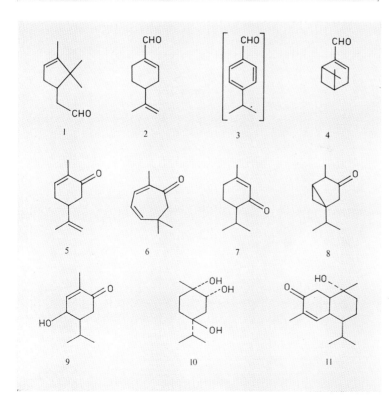

Formelbild 11.8: Phenolether aus Indischem Weihrauchöl

1: Anisaldehyd
2: Methylchavicol

Formelbild 11.9: Sauerstoffverbindungen im Weihrauchpyrolysat

1: α-Campholenaldehyd
2: Perillaaldehyd
3: (Cuminaldehyd)
4: Myrtenal
5: Carvon
6: Eucarvon
7: Piperiton
8: Thujon
9: 5-Hydroxy-p-menth-6-en-2-on
10: 1,2,4-Trihydroxy-p-menthan
11: 10-Hydroxy-cadin-4-en-3-on

167

tenen Inhaltsstoffe strukturell zugeordnet werden (vgl. auch Formelschemata 11.3, 11.5, 11.7 und 11.9). Auch dies mag ver-
deutlichen, um welch komplexes Gemisch an Chemikalien es
sich beim Olibanum-Rauch bzw. -Pyrolysat handelt, von dem
zahlreiche Verbindungen noch der Identifikation bedürfen. Und
dies wiederum angesichts der Tatsache, daß die unterschiedlichen Weihrauch-Herkünfte und immer noch bestehende Unklarheiten der Zuordnung einiger Harze die Palette möglicher
Inhaltsstoffe noch bedeutend verbreitern.

Im Öl aus *Boswellia neglecta* S. Moore (*B. hildebrandtii* Engl.)
wurden kürzlich als Hauptbestandteile α-Pinen, α-Thujen und
p-Cymen nachgewiesen; Verbenon zu 2,2% [11.39].

Umfangreiche Angaben zur chemischen Prüfung des Olibanumharzes finden sich in „Hagers Handbuch der pharmazeutischen
Praxis" [11.34].

Zur Chemie der Myrrhe

12

Die echte Myrrhe bildet zumeist nußgroße, unregelmäßig gestaltete, gelegentlich löchrige Klumpen von gelbrotem bis braunrotem Aussehen. Der Bruch ist vielfach weiß gefleckt und fettglänzend; gelegentlich treten an den Bruchstellen helle Körner oder Mandeln auf. Der Geruch ist stark aromatisch und spezifisch, der Geschmack ebenfalls typisch adstringierend, sehr bitter und kratzend. Mit Wasser gibt die Myrrhe eine milchige Emulsion.

Die Chemie der Myrrhe hat die Naturstoffchemiker vor eine schwierige Aufgabe gestellt, denn das Myrrheöl ist sehr leicht durch Autoxidation veränderlich. Bereits bei der Destillation tritt im Kühler zumeist Verharzung ein. Dies mag — neben verschiedenartiger, z.T. unbekannter Herkunft des jeweiligen Myrrheharzes — ein weiterer Grund sein, weshalb unterschiedliche Angaben über die Inhaltsstoffe zu finden sind [12.1–12.3].

Die ersten umfangreicheren Untersuchungen wurden Anfang unseres Jahrhunderts wiederum von Alexander Tschirch und seinen Mitarbeitern durchgeführt, etwas später durch O. v. Friedrichs. Als allgemeine Zusammensetzung der „echten" Heerabolmyrrhe aus *Commiphora myrrha* (= *C. molmol*) gibt Tschirch an: 6–7% ätherisches Öl, 28–30% alkohollösliches Harz (davon 5% etherunlöslich und 23% etherlöslich), 61% Gummi und Enzym (Oxidase) sowie 3–4% Verunreinigungen [12.2].

Die „süße" Bisabolmyrrhe aus *Commiphora erythraea* enthält 7,5% ätherisches Öl (6,5% monocyclisches Sequiterpen Bisabolen (Formelschema 12.1), das in verschiedenen ätherischen Ölen vorkommt), 21,5% Harzanteile (indifferentes Bisaboresen, neutrales Harzaldehyd oder -keton, zwei freie und zwei gebundene Säuren) sowie Gummi und Bitterstoff [12.2].

Ende der sechziger Jahre untersuchten J. A. Wenninger und R. L. Yates das ätherische Öl des Harzes von *Commiphora erythrea glabrescens* Engl., von den Autoren als Opopanax-Öl (oder Bisabolmyrrhe) bezeichnet [12.4], und isolierten 18 verschiedene Sesquiterpene. Neben trans-α-Bisabolen und β-Bisabolen wurden β-, γ- und δ-Elemen, α-Cubeben, α-Copaen, cis- und trans-α-Bergamoten, α-, β- und epi-β-Santalen, Caryophyllen, Humulen, γ-Muurolen, ar-Curcumen sowie γ- und δ-Cadinen charakterisiert (vgl. Formelschema 12.1, 12.6 und 11.6 in Kapitel 11). Die höchsten Anteile stellen α-Santalen und trans-α-Bisabolen. Zehn Jahre später fanden F. Delay und G. Ohloff, daß es sich nicht um trans-, sondern cis-α-Bisabolen handelt [12.29]. 1982 identifizierte A. Maradufu noch drei Furanodien-Sesquiterpene [12.27] (vgl. S. 179). Den Hauptanteil an Monoterpen stellt das trans-β-Ocimen (Formelschema 12.2) [12.5].

Das Harz von *Commiphora kataf* (Opopanax) enthält etwa 52% Ferulasäureester des Oporesinotannols, freies Oporesinotannol,

Formelbild 12.1: Sesquiterpene aus *Commiphora*-Harzen (vgl. auch Formelbild 12.6)

1: α-Bisabolen
2: β-Bisabolen
3: β-Bergamoten
4: α-Santalen
5: β-Santalen
6: β-Farnesen
7: Eudesmolacetat

etwa 0,2% freie Ferulasäure, 5–10% ätherisches Öl mit Bisabolen als Hauptkomponente, etwa 34% Gummi sowie Bitterstoff und Spuren von Vanillin [12.6].

A. Craveiro und Mitarbeiter untersuchten im Jahre 1983 das Harz der somalischen *Commiphora guidotti*, die nach ihren Angaben ebenfalls „süße Myrrhe" (somal.: habak hadi) liefern soll, und isolierten verschiedene Sesquiterpene: Neben dem α- und β-Bisabolen waren dies α- und β-Santalen, epi-β-Santalen, β-Bergamoten und β-Farnesen. Daneben fanden sie Car-3-en und das Furanosesquiterpen Furanodien (Formelschemata 12.1, 12.2, 12.8) [12.7].

Eine ganze Reihe verschiedener Furanosesquiterpene wurde Anfang der achtziger Jahre auch im Harz von *Commiphora molmol* (= *C. myrrha*) gefunden. Wir kommen darauf noch zurück.

Aus dem etherlöslichen Teil der Heerabolmyrrhe isolierten Tschirch und Mitarbeiter das α-Heerabo-Myrrhol ($C_{17}H_{24}O_5$) und das β-Heerabo-Myrrhol ($C_{19}H_{28}O_4$) (die später von Friedrichs als die zweiwertigen Phenole $C_{18}H_{22}O_3(OH)_2$ und $C_{20}H_{24}O_4(OH)_2$ beschrieben wurden), ferner einen Ester, der bei Wasserdampfdestillation unter Kalilaugeeinwirkung wiederum α-Heerabo-Myrrhol abspaltete und das neutrale indifferente Heeraboresen $C_{29}H_{40}O_4$ (für welches Friedrichs die Summenformel $(C_{21}H_{48}O_4)_2$ angab).

Aus dem etherunlöslichen Teil gewann Tschirch das α-Heerabo-

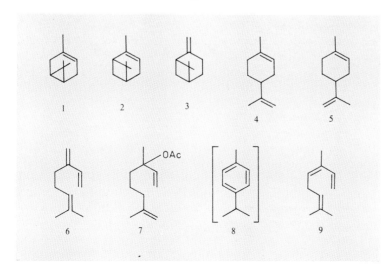

Formelbild 12.2: Monoterpene und strukturverwandte Aromaten * aus Myrrheölen

1: Car-3-en
2: α-Pinen
3: β-Pinen
4: Dipenten [(R,S)-Limonen]
5: Limonen
6: Myrcen
7: Isolinalylacetat
8: (p-Cymen) *
9: Ocimen

171

Myrrholol ($C_{15}H_{22}O_7$; von Friedrichs unter der gleichen Summenformel als α-Heerabo-Myrrholsäure beschrieben) und das β-Heerabo-Myrrholol ($C_{29}H_{36}O_{10}$; von Friedrichs als einbasische β-Heerabo-Myrrholsäure $C_{25}H_{32}O_6$ angesehen) [12.2, 12.8]. Die Myrrhole und Myrrholole zeigen nach Tschirch ebenso wie das Heeraboresen und die Myrrhe selbst eigentümliche Farbreaktionen. (Friedrichs fand allerdings für die Myrrhole keine Färbung.)

Die Farbreaktionen der Myrrhe können zu deren Prüfung verwendet werden, da Bisabolmyrrhe diese nicht ergibt. Beispielsweise tritt mit Salzsäure eine rotviolette Färbung ein, noch kräftiger mit Hirschsohn's Reagenz (Trichloracetal-Chloralhydrat-Reagenz). Besonders charakteristisch ist auch die rotviolette Verfärbung des Rückstandes eines etherischen Auszuges mit Bromdampf.

Die Bisabolmyrrhe kann mit einer anderen Farbreaktion nachgewiesen werden. Ein Petroletherauszug wird mit Eisessig versetzt und mit konzentrierter Schwefelsäure unterschichtet. Zunächst entsteht an der Phasengrenze eine rosarote Zone; nach einiger Zeit verfärbt sich die gesamte Petroletherschicht rosa. Die Heerabolmyrrhe gibt an der Phasengrenze einen grünen Ring [12.9].

O. v. Friedrichs isolierte aus dem etherlöslichen Harzanteil dann noch weitere Verbindungen, die α-Commiphorsäure ($C_{14}H_{18}O_4$), die dieser isomere β-Commiphorsäure und die γ-Commiphorsäure ($C_{17}H_{22}O_5$), die der ebenfalls von Friedrichs und anderen Autoren im ätherischen Öl beschriebenen Myrrholsäure isomer ist, sowie den Ester einer Commiphorsäure $C_{28}H_{36}O_8$ und einen wasserdampfflüchtigen einwertigen Esteralkohol $C_{14}H_{22}O_2$ [12.1, 12.2, 12.8]. Strukturelle Vorstellungen wurden von diesen Autoren nicht geäußert.

Erst Anfang der sechziger Jahre beschäftigte man sich an der Universität von Leeds und der CIBA-Forschungsabteilung Basel wieder mit den Säuren aus *Commiphora*-Arten. Aus der in den ariden Gebieten Südafrikas verbreiteten Art *Commiphora pyracanthoides* Engl. (*C. glandulosa* Schinz) isolierte man die Commisäuren A bis E (Formelschema 12.3) und charakterisierte sie als Triterpensäuren mit Oleanan-(β-Amyran-) und Ursan-(α-Amyran-) Grundgerüsteten und ein bis drei Hydroxygruppen [12.10]. Sie sind eng verwandt mit den Boswellinsäuren aus dem Weihrauchharz. Strukturell handelt es sich bei der Commisäure C

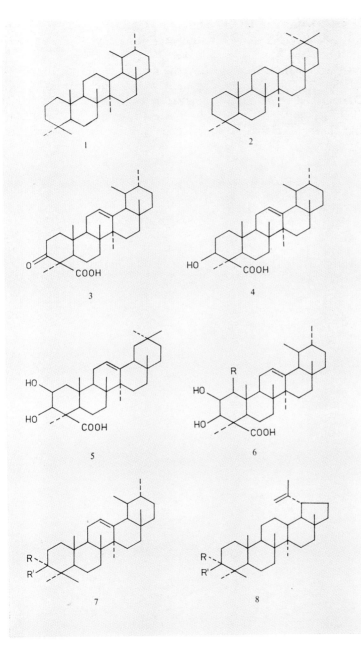

Formelbild 12.3: Triterpene und Triterpensäuren aus *Commiphora*-Harzen

1: α-Amyran (Ursan)
2: β-Amyran (Oleanan)
3: Commisäure A [3-Oxyurs-12- en-23(oder 24)-Carbonsäure]
4: Commisäure B ≡ β-Boswellinsäure [3β-Hydroxy-urs-12-en-23 (oder 24)-carbonsäure]
5: Commisäure C [2,3-Dihydroxy-olean-12-en-23 (oder 24)-carbonsäure]
6: R=H: Commisäure D [2,3-Dihydroxy-urs-12-en-23(oder 24)-carbonsäure]
7: R=OH: Commisäure E [1,2,3-Trihydroxy-urs-12-en-23(oder 24)-carbonsäure]
8: R=OH,R′=H: 3-epi-α-Amyrin
R=R′=O: α-Amyrenon
R=OAc,R′=H: 3-epi-Lupenylacetat
R=R′=O: Lupeon

173

beispielsweise um die 2,3-Dihydroxy-olean-12-en-23(oder 24)-carbonsäure, bei der Commisäure D um die 2,3-Dihydroxy-urs-12-en-23 (oder 24)-carbonsäure.

Im Harzanteil der Heerabolmyrrhe findet sich ferner das Burseracin ($C_{20}H_{28}O_8$, eine Carbonylverbindung) zu 1,5–2,5%. Diesem soll speziell der bekannte wundheilende Effekt sowie die heilende Wirkung bei Lungenleiden zukommen [12.2, 12.11, 12.12]. In normalen medizinischen Tinkturen ist es entweder

Formelbild 12.4: Sterole aus *Commiphora*-Harzen

1: R=H: Cholest-5-en-3β-ol (Cholesterol)
   R=CH$_3$: Campest-5-en-3β-ol (Campesterol)
   R=C$_2$H$_5$: Sitost-5-en-3β-ol (Sitosterol)
2: Z-Guggulusteron [4,17(20)-trans-Pregnadien-3,16-dion]
3: E-Guggulusteron [4,17(20)-cis-Pregnadien-3,16-dion]
4: Guggulusterol I
5: Guggulusterol III
6: Guggulusterol II

nur in sehr geringen Mengen enthalten oder an Harzanteile gebunden. Nach dem Deutschen Reichspatent 550 583 wurden daher spezielle Abtrennverfahren entwickelt und Myrrhe-präparate mit ganz bestimmten Burseracingehalten hergestellt, die wirksamer sein sollen.

Anfang der siebziger Jahre beschäftigten sich E. Mincione und C. Iavarone nochmals intensiv mit dem Harz von *Commiphora myrrha*. Sie konnten durch Chloroformextraktion, chromato-graphische Trennung und NMR-spektroskopische Untersu-chung folgende Verbindungen charakterisieren: Isolinalylacetat, 3-epi-Lupenyl-acetat, Lupeon, 3-epi-α-Amyrin, α-Amyrenon, β-Eudesmol-acetat [12.13] (Formelschemata 12.1–12.3).

Im Myrrheöl werden (wiederum nicht bei allen Autoren über-einstimmend) folgende Bestandteile erwähnt: Cuminaldehyd, Cuminol, Zimtaldehyd, Eugenol, m-Cresol, Essigsäure- und Palmitinsäureester (in frischen Ölen bzw. die jeweiligen freien Säuren in gealterten Ölen), Ameisensäure; Pinen, Dipenten, d-Limonen (Formelschema 12.2), n-Nonacosan ($C_{29}H_{60}$) [12.24], verschiedene Sesquiterpene, Myrrholsäure und weitere,

Formelbild 12.5: Diterpene und Lignane aus *Commiphora mukul*

1: Camphoren (Dimyrcen)
2: Cembren A
3: Mukulol
4: Sesamin (Pseudocubeben, ein Lignan)

nicht näher beschriebene Substanzen [12.1–12.3, 12.8, 12.14–12.16]. Neuere Untersuchungen faßt Tab. 12.1 zusammen.

E. Mincione und C. Iavarone [12.13] isolierten aus Arabischer Myrrhe neben den o. g. sechs bekannten Terpenen auch ein bislang unbekanntes Sesquiterpenlacton, das sie als Commiferin bezeichneten (Formelschema 12.7).

Schließlich sei noch erwähnt, daß B. Cagnoli und P. Ceccherelli 1968 im Harz bzw. Öl von *Commiphora abyssinica* ein Steroid-

Tab. 12.1: Inhaltsstoffe des Myrrheöls

a. nach E. Guenther, 1950 [12.26]

α-Pinen	Eugenol	Ameisensäure
Limonen	m-Cresol	Essigsäure
Cuminaldehyd	Cadinen	Palmitinsäure
Cinnamaldehyd	tricycl. Sesquiterpen	(weitere Säuren)
	(=Heerabolen)	
	(Sesquiterpene)	

b. nach R. A. Wilson und B. D. Mookherjee, 1983 [12.28]

Curzeren (Isofuranogermacren)	11,9%
Furanoeudesma-1,3-dien	12,5%
1,10(15)-Furanodien-6-on	1,2%
Lindestren	3,5%
Curzerenon	11,7%
Furanodien-6-on	0,4%
Dihydropyrocurzerenon (Dihydrofuranoeudesmadien)	1,1%
3-Methoxy-10(15)-dihydrofuranodien-6-on	1,5%
3-Methoxyfuranoguaia-9-en-8-on	0,1%
2-Methoxy-4,5-dihydrofuranodien-6-on	0,2%
3-Methoxy-10-methylenfuranogermacra-1-en-6-on	0,9%

c. Headspace-Analyse von Gummi-Myrrhae, 1983 [12.28]

2-Methylfuran	1,93%	Myrcen	0,45%
2-Methyl-5-isopropylfuran	1,18%	cis-Ocimen	1,90%
Rosefuran	0,09%	trans-Ocimen	1,27%
2-Methyl-isopropenylfuran	4,63%	isoallo-Ocimen	0,03%
Methylisobutylketon	5,68%	Limonen	0,42%
6-Methyl-5-hepten-2-on	0,23%	β-Elemen	6,19%
3-Methyl-2-butenal	2,23%	δ-Elemen	28,79%
2-Phenyl-2-methyl-butan	0,14%	α-Copaen	10,02%
4,4-Dimethyl-2-butenolid	1,04%	Bourbonen	4,90%
Furfural	1,44%	α-Bergamoten	4,90%
5-Methyl-furfural	1,66%	γ-Cadinen	0,12%
Xylene	2,84%	α-Muurolen	0,14%
Benzaldehyd	0,53%	α-Caryophyllen	0,08%
Methylanisol	0,14%	Curzeren	0,09%
p-Cymen	1,51%	Tridecan	0,09%
α-Thujen	0,76%		

176

gemisch fanden, das sie säulenchromatographisch trennten und massenspektroskopisch als Cholest-5-en-3β-ol, Campest-5-en-3β-ol und Sitost-5-en-3β-ol identifizierten (Formelschema 12.4) [12.17]. Derartige z.T. noch unbekannte Steroide („Guggulusterole" (Formelschema 12.4)) kommen neben Diterpenen (wie den bislang unbekannten Cembren A und Mukulol) und einer Reihe anderer Inhaltsstoffe (wie aliphatische Ester, Sesamin, Myrcen, Camphoren) auch im Öl der ostindischen *Commiphora mukul* (Hook) Engl. vor [12.18] (Formelschemata 12.2 und 12.5).

Bisher in Burseraceen unbekannte Verbindungen fanden 1985 G. J. Provan und P. G. Waterman auch in *Commiphora incisa*

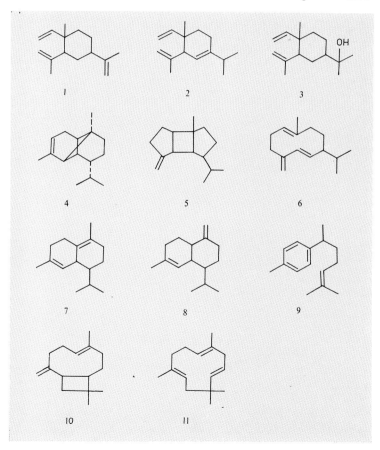

Formelbild 12.6: Sesquiterpene aus dem Harz von *Commiphora myrrha*

1: β-Elemen
2: δ-Elemen
3: Elemol
4: Copaen
5: β-Bourbonen
6: Germacren D
7: δ-Cadinen
8: γ-Cadinen
9: α-Curcumen (ar-Curcumen)
10: Caryophyllen
11: α-Humulen

177

Chiov. (*C. candidula* Sprague) aus Kenia. Es handelt sich um zwei epimere Aryltetralin-Lignane [12.19], ein Triterpen vom Dammarantyp und drei vom Nordammarantyp (Mansumbinane, strukturen verwandt mit den Guggulusterolen) [12.25].

Umfangreiche Untersuchungen des Myrrheharzes wurden von C. H. Brieskorn und P. Noble in den Jahren 1980–1983 durchgeführt, die als Untersuchungsobjekt in ihrer ersten, dritten und vierten Mitteilung [12.20–12.23] *Commiphora molmol*, in ihrer zweiten Mitteilung *Commiphora abyssinica* (ohne genauere Herkunft) als Probenmaterial angeben. Nach ihren Untersuchungen soll das ätherische Myrrheöl weder α-Pinen, Limonen, Dipenten noch Cuminaldehyd, Zimtaldehyd, Eugenol, m-Cresol, Ameisen-, Essig- und Palmitinsäure enthalten. Die bis heute divergierenden Angaben mögen an der botanischen Herkunft und den jeweiligen Sammelgebieten liegen; die angebotene Handelsware kann diesbezüglich kaum exakt zugeordnet werden.

Brieskorn und Noble fanden im ätherischen Öl ausschließlich Sesquiterpene; so die Sesquiterpenkohlenwasserstoffe δ-Elemen, β-Elemen, α-Copaen; β-Bourbonen, Germacren D, Caryophyl-

Formelbild 12.7: Furanodien-Sesquiterpene und Sesquiterpenlactone aus dem Harz von *Commiphora myrrha*

1: Furanodien
2: 1(10)E,4E-Furanodien-6-on
3: Isofuranogermacren
4: Curzerenon
5: Lindestren
6: Commiferin (Sesquiterpenlacton)

178

len, Humulen, δ- und γ-Cadinen sowie den Sesquiterpenalkohol Elemol (einige davon sind uns auch in aktuelleren Untersuchungen spezieller Weihrauchöle begegnet (Formelschema 12.6). Die 15 Hauptbestandteile des Öles sind Furanosesquiterpene vom Germacran-, Eleman-, Eudesman- und Guajantyp. Als Inhalts-

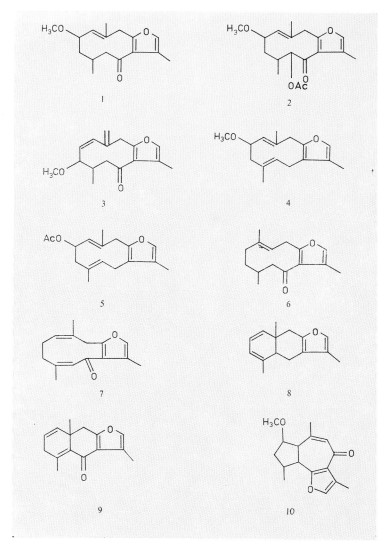

Formelbild 12.8: Bislang unbekannte Furanodien-Sesquiterpene aus *Commiphora myrrha* (vgl. Tab. 12.2

1: 2-Methoxy-4,5-dihydro-furanodien-6-on
2: 5-Acetoxy-2-methoxy-4,5-dihydrofurano-dien-6-on
3: 3-Methoxy-10-methylen-furanogermacr-1-en-6-on
4: 2-Methoxy-furanodien
5: 2-Acetoxy-furanodien
6: 4,5-Dihydrofuranodien-6-on
7: 1(10)Z,4Z-Furanodien-6-on
8: Furanoeudesma-1,3-dien
9: Furanoendesma-1,4-dien-6-on
10: 2-Methoxy-furanoguaia-9-en-8-on

179

stoffe anderer Pflanzen bzw. Pflanzenprodukte bereits bekannt waren Furanodien, 1(10)E,4E-Furanodien-6-on, Isofuranogermacren, Curzerenon und Lindestren (Formelschema 12.7), zehn waren bislang unbekannt (vgl. Tab. 12.2 und Formelschema 12.8).

A. Maradufu fand 1982 sowohl im Hexanextrakt von *Commiphora myrrha* (Nees) Engl., als auch *C. erythraea* Engl. ebenfalls Furanodienon, 2-Acetyl-furanodienon und 2-Methoxy-furanodienon [12.27], die sich als insektizid wirksam gegen *Rhipicephalus appendiculatus*, den Verursacher des gefürchteten Ostküstenfiebers unter den Viehbeständen Kenias, erwiesen.

Auch im Öl aus *Commiphora holtziana* Engl. wurde eine Reihe der bereits bekannten Sesquiterpene und Furanosesquiterpene gefunden [12.30]. Im Öl aus *Commiphora africana* (A. Rich.) Engl. sind die Hauptbestandteile α-Pinen, α-Thujen und p-Cymen, im Öl aus *C. ogadensis* Chiov. α-Pinen, Myrcen und Car-3-en [12.31].

Umfangreiche Angaben zur chemischen Prüfung der Myrrhe finden sich in „Hagers Handbuch der pharmazeutischen Praxis" [12.24].

Tab. 12.2: Bislang unbekannte Furanodien-Sesquiterpene (nach C. H. Brieskorn, P. Noble, 1983 [12.20–12.23]) (vgl. Formelschema 12.8)

Furanogermacrane

2-Methoxy-4,5-dihydrofuranodien-6-on
5-Acetoxy-2-methoxy-4,5-dihydrofuranodien-6-on
3-Methoxy-10-methylen-furanogermacr-1-en-6-on
2-Methoxyfuranodien; 2-Acetoxyfuranodien
4,5-Dihydrofuranodien-6-on
1(10)Z, 4Z-Furanodien-6-on

Furanoeudesmane

Furanoeudesma-1,3-dien
Furanoeudesma-1,4-dien-6-on

Furanoguaiane

2-Methoxy-furanoguaia-9-en-8-on

Tradition und Wandel in der Weihrauch-und Myrrhesammelwirtschaft

13

In Südarabien und am Horn von Afrika

Seit altersher spielen die Gewinnung aromatischer Harze und vor allem der Handel mit Weihrauch und Myrrhe in den Staaten im Süden der Arabischen Halbinsel und am Horn von Afrika eine bedeutende Rolle. Viele traditionelle Strukturen der Harzsammelwirtschaft haben sich bis heute erhalten. Der Absatz dieser wertvollen pflanzlichen Rohstoffe unterlag jedoch auch schon immer externen Einflüssen, die sich entweder belebend oder nachteilig auf diesen Wirtschaftszweig auswirkten.

In der jüngeren Geschichte, der hier das Hauptaugenmerk gelten soll, waren es vor allem drei Entwicklungen, die die Harzsammelwirtschaft dieser Region beeinflußten:

1. der nach dem 2. Weltkrieg im arabisch-indisch-nordostafrikanischen Raum einsetzende Prozeß der Entkolonisierung mit den daraus resultierenden kriegerischen Konflikten in Südarabien und am Horn von Afrika, in Regionen also, wo sich die Hauptproduktionsgebiete von Weihrauch und Myrrhe erstrecken;
2. die immer stärkere Einbindung dieser traditionell peripheren Region in die Weltwirtschaft und
3. das in den 60er Jahren beginnende wirtschaftliche und politische Erstarken der Erdölländer der Arabischen Halbinsel, allen voran Saudi-Arabiens.

Die Veränderungen dieser ökonomischen und politischen Rahmenbedingungen sollten sich — wie im folgenden deutlich wird — nachhaltig auf Struktur und ökonomische Bedeutung der Harzsammelwirtschaft auswirken. Bei genauerer Betrachtung der sozio-ökonomischen Wandlungsprozesse in den Produktionsgebieten von Weihrauch und Myrrhe, lassen sich neben vielen Gemeinsamkeiten aber auch deutliche Unterschiede zwischen den Veränderungen in Somalia und denen in Dhofar/ Sultanat Oman feststellen.

Die folgenden Ausführungen beruhen auf Feldforschungen, die von Jörg Janzen in Dhofar, zwischen 1976–78, und in Somalia, zwischen 1982–88, durchgeführt wurden, und deren Ergebnisse z. T. in veröffentlichter Form vorliegen [13.1].

Im vorliegenden Abschnitt soll die Beantwortung von drei Fragenkomplexen im Vordergrund des Interesses stehen:

1. Wo liegen die heutigen Produktionsgebiete von Weihrauch und Myrrhe in Südarabien und am Horn von Afrika, welche Harzarten werden gewonnen, welche physischen Rahmenbedingungen herrschen dort, wie ist die Harzsammelwirtschaft strukturiert und welche ökonomische Bedeutung besitzt sie für die an der Gewinnung und Vermarktung beteiligten sozialen Gruppen und den Staat?
2. Welchen Strukturwandel hat die Harzsammelwirtschaft in Südarabien und am Horn von Afrika seit Mitte dieses Jahrhunderts durchlaufen und wie haben sich Produktion und Vermarktung entwickelt?
3. Welchen entwicklungspolitischen Stellenwert könnten/sollten Produktion und Vermarktung von Weihrauch und Myrrhe in den zukünftigen Landesentwicklungsplänen der Erzeugerländer besitzen und welche Maßnahmen würden einer Verbesserung der Lebens- und Wirtschaftsbedingungen der Erzeuger entgegenkommen sowie sich volkswirtschaftlich positiv auswirken?

Die Verbreitungsgebiete von Weihrauch- und Myrrhebäumen, ihre Harzarten und die natürlichen Rahmenbedingungen

Der größte Teil des auf dem Weltmarkt gehandelten qualitativ hochwertigen Weihrauchharzes stammt aus dem südarabischen und nordsomalischen Weihrauchgürtel. Die zahlreichen in der Literatur vorhandenen Hinweise über die Verbreitung des Weihrauchbaumes [13.2], konnten von Jörg Janzen auf seinen eigenen Forschungsreisen überprüft und ergänzt werden.

182

Auf der Arabischen Halbinsel verläuft der Weihrauchgürtel auf einer Länge von etwa 450 km in einer schmalen, küstenparallelen Gebirgszone vom Ostrand des Golfes von Khūrīyā Mūrīyā im Süden Omans durch die Nejd nördlich der Wasserscheide des Dhofar-Gebirges bis westlich von Ras Fartak im östlichen Mahraland in der Volksdemokratischen Republik Jemen.

Am Horn von Afrika erstreckt sich der Weihrauchgürtel im nordsomalischen Küstengebirge in den Verwaltungsregionen Bari und Sanaag vom Kap Guardafui im Osten über mehr als 500 km bis nördlich von Laas Ciidle (zwischen Xiis und Karin) im Westen. Beide Weihrauchgürtel weisen in ihrem Ostabschnitt die größte Breite auf. In Ostdhofar liegt sie bei etwa 80 km und in Nordostsomalia bei etwa 150 km (vgl. Abb. im Vorsatz).

Am weitesten verbreitet sind die sich äußerlich kaum voneinander unterscheidenden Weihrauchbaumspezies mit den botanischen Bezeichnungen *Boswellia carteri* Birdw., die in Nordsomalia wächst, und *Boswellia sacra* Flueck., die in Südarabien beheimatet ist (vgl. Abb. 6.2 und 6.6). Die große botanische Ähnlichkeit dieser beiden Weihrauchbaumspezies wird auch durch die enge phonetische Verwandtschaft der in Nordsomalia und Südarabien für diese Weihrauchbaumarten gebräuchlichen Namen unterstrichen. In Dhofar ist *Boswellia sacra* Flueck. unter dem Namen magārah bzw. mughūr (shahrī) oder maghār (mahrī) bekannt, während *Boswellia carteri* Birdw. in Somalia den Namen moxor (mohor; mohr) trägt. Die Somalis unterscheiden zwei Arten des Moxor-Baumes, den moxor madow (somal.: madow = schwarz/dunkel) und den moxor cadd (somal.: cadd = weiß/hell). Die Gründe für diese Unterscheidung sind bisher noch nicht erforscht. Möglicherweise sollen damit, da an den Bäumen äußerlich und bei der Färbung der Harze keine Unterschiede erkennbar sind, lediglich unterschiedliche Standorte auf verschiedenem Ausgangsgestein gekennzeichnet werden [13.3]. Die vom Moxor-Baum gewonnene Harzqualität ist in Somalia unter dem Namen beeyo (beyo, bejo, beio) bekannt.

Eine andere, nach den bisherigen Kenntnissen d. Verf. nur in Somalia verbreitete Spezies des Weihrauchbaumes trägt die botanische Bezeichnung *Boswellia frereana* Birdw. Diese Spezies wird auf somalisch jagcaar (yegaar; yagar) genannt. Die von diesem Baum gelieferte Harzqualität trägt die Bezeichnung maydi (meydi, meidi, maidi).

Die beiden in Somalia wachsenden Weihrauchbaumarten *Bos-*

184

wellia carteri Birdw. (Moxor-Baum) und *Boswellia frereana* Birdw. (Jagcaar-Baum) unterscheiden sich vor allem durch ihr äußeres Erscheinungsbild. Während der Moxor-Baum physiognomisch mehr an einen kräftigen Busch ohne zentralen Stamm erinnert, ist der Jagcaar-Baum besonders an seinem schlanken Wuchs mit relativ dünnem Stamm und vergleichsweise wenigen, in spitzem Winkel nach oben strebenden Ästen erkennbar (vgl. Abb. 13.1). Die Weihrauchbäume können Höhen von etwa 3 bis über 10 m erreichen.

Die Verbreitungsgebiete des Weihrauchbaumes liegen in Räumen mit wüstenhaftem Charakter, deren aride Klimaverhältnisse durch sehr hohe Sommertemperaturen (Jahresmittelwerte von bis zu 30 °C) und seltene Regenfälle (in unteren Lagen bis etwa 500 m ü. NN meist unter 100 mm Jahresmittel) gekennzeichnet sind. Innerhalb dieser Gebiete bevorzugen die Weihrauchbäume vor allem höher gelegene Standorte (etwa 500–1 500 m), an denen saisonal genug zusätzliche Feuchtigkeit in Form von Nieselregen und Tau oder als Sickerwasser aus wasserführenden Sedimentschichten zur Verfügung gestellt wird. Die natürlichen Gunsträume für das Wachstum des Weihrauchbaumes decken sich in Südarabien mit dem Auflösungsbereich der monsunalen Wolkendecke nördlich der Wasserscheide des Dhofargebirges am Übergang zur innerdhofarischen Wüste.

Ähnliche Verhältnisse sind auch an den Gebirgsflanken an der Spitze der Somali-Halbinsel anzutreffen, wo es in höheren Lagen durch die vom Meer herangeführte feuchtigkeitsbeladene Luft, die während der Wintermonate durch den Nordostpassat und in den Sommermonaten durch den Südwestmonsun herantransportiert wird, zu erhöhter Tau- und Nebelbildung kommt.

Die Weihrauchbäume gedeihen am besten an Steilhängen im verkarsteten Kalkgestein, wo sie vor allem in Klüften, weiterhin auf Geröllhalden auf den Gesimsen der Schichtstufen sowie in Wadis wachsen. Vor allem der schlanke Jagcaar-Baum ist häufig an fast senkrechten, sehr schwer zugänglichen Felswänden anzutreffen (vgl. Abb. 13.1–13.3). In geringem Umfang kommt der Weihrauchbaum auch auf Verebnungen in Tälern vor. Jedoch sollen, den Aussagen von Weihrauchsammlern zufolge, die Bäume in solchen Lagen i. d. R. Harze minderer Qualität hervorbringen.

Während die räumliche Verbreitung des Weihrauchbaumes in Südarabien und am Horn von Afrika relativ genau bekannt ist,

Abb. 13.1: Weihrauchbäume der schlankwüchsigen Spezies *Boswellia frereana* (somal.: jagcaar) nordwestlich von Iskushuban/Nordost-Somalia. Beliebte Standorte des Jagcaar-Baumes bilden Felswände aus verkarstetem, klüftigem Kalkgestein, wie z. B. an der Stufenkante am rechten Bildrand und im Hintergrund (Foto: J. Janzen)

können die Gebiete, in denen der Myrrhebaum (vgl. Abb. 7.1) anzutreffen ist, bisher nur ungefähr umrissen werden (vgl. Abb. im Vorsatz). Der Myrrhebaum wächst in räumlichem Anschluß an den südarabischen und nordsomalischen Weihrauchgürtel unter ariden bis semiariden Klimaverhältnissen. Er soll nicht in solcher Dichte auftreten wie der Weihrauchbaum. In Südarabien liegt das heutige Hauptverbreitungsgebiet des Myrrhebaumes in Teilen des jemenitischen Hochlands und des hadramitischen Gebirgsbogens. Vereinzelt soll der Myrrhebaum auch im Dhofar-Gebirge vorkommen. Am bekanntesten ist die Fadhlī-Myrrhe, die aus *Commiphora abyssinica* gewonnen wird. Dieser Myrrhebaum soll vor allem im Küstengebirge östlich von Aden anzutreffen sein.

Das Hauptverbreitungsgebiet des Myrrhebaumes in Somalia liegt nach Auskunft von Mitarbeitern der staatlichen somalischen „Handelsagentur für Weihrauch und Gummi-Harze" auf den Plateauzonen der zentralen und nördlichen Teile der Somali-Halbinsel, wo durchschnittliche Jahresniederschläge von etwa 200–600 mm auftreten. Räumlich handelt es sich hierbei

Abb. 13.2: Der Steilabfall des nordostsomalischen Küstengebirges zum Golf von Aden östlich von Qandala. In den feuchtigkeitsexponierten oberen Lagen der Schichtstufe sind im klüftigen Kalkgestein sowie auf den Schichtgesimsen dichte Weihrauchbaumbestände anzutreffen. Überwiegend handelt es sich um den schlankwüchsigen Jagcaar-Baum (*Boswellia frereana*), aus dem die maydi-Harzqualität gewonnen wird (Fotos: J. Janzen)

v.a. um die an Äthiopien grenzenden Verwaltungsregionen Gedo, Bakool, Hiraan, Galgaduud, Muduq, Nugaal, Sool, Togdheer und Waqooyi Galbeed sowie um das von Somalis besiedelte Ogadengebiet (vgl. Abb. im Vorsatz).

Die auf der Somali-Halbinsel vorkommende Spezies des Myrrhebaumes, ein Dornbaum (vgl. Abb. 7.1 u. 7.3–7.5) mit dem botanischen Namen *Commiphora playfairii* Engl. (somal.: didin, didthin/geed malmal) liefert ein rötlich-braunes dunkles Harz, das auf somalisch malmal heißt. Der Gummianteil wird otay (otai, hotai) genannt. In Somalia werden zwei Arten von Myrrheharzen unterschieden: eine durchsichtige und brüchige Art heller Färbung, die nach der Regenzeit gewonnen wird, und eine undurchsichtige, braun-rote Variante. Da letztere in der Regel von der

Abb. 13.3: Moxor-Baum im Küstengebirge bei Laas Qoray/Nord-Somalia. Im verkarsteten Kalkgestein bestehen die besten Wachstumsbedingungen für den Weihrauchbaum. Die Baumstämme scheinen wie durch einen Saugnapf gehalten an den steilen Felsen zu kleben (Foto: J. Janzen)

Erde aufgesammelt wird, ist sie häufig mit Rindenresten und durch den rot-braunen Boden verunreinigt (vgl. Abb. 13.6–13.8) [13.4].

Diese „echte" Myrrhe darf nicht mit dem Harz einer anderen *Commiphora*-Art, deren Verbreitungsgebiet sich mit dem des Myrrhebaums überlappt, verwechselt werden (vgl. S. 93). Das Harz dieses anderen, vorwiegend auf felsigem Untergrund wachsenden Baums wird in Somalia habak hadi/habak cadaad genannt und ist an seiner anfänglich hellgelben Farbe zu erkennen, die allmählich eine rötliche Färbung annimmt (vgl. Abb. 13.6 und 4. Umschlagseite). Habak hadi ist auch unter der Bezeichnung „falsche oder süße Myrrhe" (vgl. S. 169) bekannt und wird zur Erhöhung des Gewinnes nicht selten mit der echten vermischt [13.4].

Die sozio-ökonomischen Verhältnisse in der Harzsammelwirtschaft und ihre Organisationsstruktur

Eine wichtige Voraussetzung für das Verständnis der Organisation der Sammelwirtschaft ist die Kenntnis der besitzrechtlichen Verhältnisse. Diese weisen in den noch immer überwiegend stammesrechtlich organisierten Gesellschaften Südarabiens und Somalias weitgehend gleiche Strukturen auf.

Die Weihrauchsammelwirtschaft ist durch klare besitzrechtliche Regelungen gekennzeichnet. Die wildwachsenden Weihrauchbaumbestände in den arabischen und somalischen Produktionsgebieten unterliegen bis heute nicht etwa dem kollektiven Nutzungsrecht aller Angehörigen eines Stammes oder Teilstammes, wie es z. B. traditionell bei der Weidenutzung der Fall ist, sondern sind nach wie vor vererbbares Privateigentum von kleineren Untergruppierungen eines Stammes und/oder einzelner einflußreicher Großfamilien [13.5]. Die herrschenden Eigentumsverhältnisse bei Weihrauchbäumen unterstreichen die große ökonomische Bedeutung, die diese wertvolle natürliche Ressource seit jeher für die dortige Bevölkerung besitzt. Interessant sind in diesem Zusammenhang auch die erbrechtlichen Regelungen, nach denen in Dhofar und in Nordsomalia Weihrauchbäume nie an weibliche Familienmitglieder vererbt werden, um auf diese Weise die Weihrauchbäume unbedingt im Familienbesitz zu erhalten, was im Falle einer exogamen Heirat einer Frau nicht gegeben wäre.

188

An den dargestellten Rechtsverhältnissen hat auch das seit den 70er Jahren in Somalia geltende Gesetz, auf der Grundlage dessen das gesamte Landesterritorium in Staatsbesitz überführt wurde, de facto nichts geändert. Jedoch müssen die Eigentümer von Weihrauchbäumen im Gegensatz zu früher seit einigen Jahren alljährlich eine neue staatliche Lizenz erwerben. Außerdem wird darauf hingewirkt, sich einer staatlichen Kooperative anzuschließen. Durch diese Maßnahmen ist es für den Staat möglich geworden, die Weihrauchwirtschaft in stärkerem Umfang als früher zu kontrollieren.

Die einzelnen räumlichen Besitz- und Produktionseinheiten werden in Dhofar manzila und in Nordsomalia gale genannt. Als räumliche Begrenzung zwischen benachbarten Produktionseinheiten dienen i.d.R. markante Geländepunkte, wie Berggrate und Wadiläufe.

Ein Beispiel aus dem nordsomalischen Küstengebirge soll eine größenmäßige Vorstellung der räumlichen Dimensionen der Weihrauchwirtschaft vermitteln. So ist z.B. der Verwaltungsdistrikt Qandala, dessen Küstenlinie etwa 90 km umfaßt und der sich nochmals um etwa die gleiche Entfernung landeinwärts erstreckt, in etwa 1200 in Privatbesitz befindliche, staatlich lizensierte Weihrauchproduktionsbezirke aufgeteilt. Die kleineren Produktionseinheiten umfassen etwa 200–300, die größeren etwa 500–600 Weihrauchbäume.

Die Organisation der Weihrauchgewinnung weist räumlich und zeitlich in den arabischen und den somalischen Produktionsgebieten die gleiche Struktur auf [13.5]. Der Beginn der jährlichen Hauptsammelsaison liegt im Frühjahr mit Einsetzen der heißen Jahreszeit: in Somalia bereits Ende März, in Dhofar Anfang April. Theoretisch kann ganzjährig Weihrauch geerntet werden. Die heißen Sommermonate besitzen jedoch den Vorteil, daß das Harz eine höhere Fließfähigkeit aufweist und damit eine quantitativ aber auch qualitativ bessere Ausbeute ermöglicht wird als in der kühleren Jahreszeit.

Die Harzgewinnung wird dadurch eingeleitet, daß dem Weihrauchbaum je nach Alter, Größe und Zustand eine Anzahl von etwa 10–30 Wundstellen am Stamm und an den dickeren Ästen zugefügt wird. Dies geschieht mit Hilfe eines speziellen Schabemessers, daß in Dhofar manqaf und in Nordsomalia minqaaf genannt wird (vgl. Abb. 6.10, 13.4 und 13.5). Die Handhabung dieses Werkzeugs setzt eine große Geschicklichkeit sowie

Abb. 13.4: Weihrauchernte
bei Hāsik im süddhofari-
schen Küstengebirge. Das zu
weiß-gelblichen Tränen ge-
ronnene Harz wird mit
Hilfe des Schabemessers
von der Wundstelle abge-
kratzt
(Foto: J. Janzen)

Abb. 13.5: Weihrauchsam-
melkorb mit geerntetem
Harz und den zwei in
Dhofar gebräuchlichen Ar-
ten von Schabemessern
aus Holz mit Eisenklinge
(Foto: J. Janzen)

190

genaue Kenntnis der Struktur der harzführenden Schichten der Baumrinde voraus. Ein zu tiefes Einschneiden der Klinge in die Rinde führt zu Verletzungen des Baumes und kann sich negativ auf Wachstum und Harzproduktivität auswirken.

Die Bäume eines Produktionsbezirkes werden im Rotationssystem bearbeitet und abgeerntet. Dabei wird ein alljährlich wiederkehrender zeitlicher Rhythmus eingehalten. Das jeweils erste Abschaben (manchmal auch noch das zweite) zu Beginn der heißen Jahreszeit dient lediglich der Vorbereitung der Harzgewinnung. Die beim ersten Schabevorgang aus der Wundstelle heraustretende klebrig-milchige Flüssigkeit, die nach einigen Tagen zu kleinen Tränen gerinnt, stellt lediglich minderwertiges Harz dar. Es wird daher auch nicht gesammelt, sondern beim zweiten Schabevorgang, der etwa 3 Wochen später durchgeführt wird, abgekratzt und auf den Boden fallengelassen. Die eigentliche wirtschaftliche Nutzung des Harzes beginnt mit diesem zweiten Abschaben. Das jetzt in guter Qualität und ausreichender Quantität austretende Harz, das in der Folgezeit zu tränen- und zapfenförmigen Klumpen gelblicher Färbung trocknet (vgl. Abb. 6.8 und 13.4), wird etwa 1–2 Wochen später zum ersten Mal geerntet. Das Sammeln des Harzes erfolgt in einem aus Palmblättern geflochtenen Korb (arab.: zambīl; somal.: dhambeel/ vgl. Abb. 5.21, 5.26 und 13.5). Der beschriebene Erntevorgang wiederholt sich in den folgenden Monaten in gleichem zeitlichen Abstand. Je nach Alter, Größe und Zustand des Baumes wird seine Bewirtschaftung in bis zu maximal drei aufeinander folgenden Jahren durchgeführt. Danach setzt eine mehrjährige Ruhepause ein.

Die Harzausbeute von einem Weihrauchbaum während einer Erntesaison liegt je nach Alter, Größe und Zustand des Baumes zwischen 3 und mehr als 10 kg. Bäume, die nach mehrjähriger Ruhepause angezapft werden, erbringen erfahrungsgemäß die größte Harzmenge. Die hohe Variabilität der ohnehin sehr geringen Niederschläge kann jedoch in besonders trockenen Jahren auch zu beträchtlichen Einbußen bei der Harzgewinnung führen. Bei Transport und Lagerung des abgeernteten Harzes muß unbedingt darauf geachtet werden, daß es nicht der direkten Sonneneinstrahlung ausgesetzt wird. Um eine Qualitätsminderung zu verhindern, werden daher in den Produktionsgebieten kühle und trockene Höhlen als Lagerplätze bevorzugt.

Bei der Behandlung der Myrrhesammelwirtschaft kann nur auf eigene Erfahrungen d. Verf. aus Somalia zurückgegriffen werden. Danach unterscheidet sich die wirtschaftliche Nutzung des Myrrhebaumes in einigen Punkten von der Weihrauchsammelwirtschaft. Ein Hauptunterschied besteht bei den besitzrechtlichen Verhältnissen. Anders als beim Weihrauchbaum wird der Myrrhebaum als Gemeineigentum desjenigen Stammes angesehen, auf dessen traditionellem Territorium er wächst. Nach neuer staatlicher Rechtsauffassung, wonach sich alles Land in Staatsbesitz befindet, könnten jedoch theoretisch auch Fremde in einem traditionellen Stammesgebiet Myrrhe sammeln. Faktisch hält sich jedoch die Landbevölkerung meist noch an die überlieferten Rechtsvorstellungen.

Das Myrrhesammeln unterliegt einem ähnlichen zeitlichen Rhythmus wie die Weihrauchgewinnung. Die Harzgewinnung erfolgt vor allem nach der Regenzeit in den Monaten Juni bis August. Anders als beim Weihrauchbaum wird die Rinde nur im unteren Abschnitt des Stammes, wo sich die Äste verzweigen, angekratzt. Als durchschnittliche jährliche Harzausbeute werden etwa 3–4 kg pro Baum erreicht.

Abschließend seien noch die verschiedenen an der Weihrauchwirtschaft partizipierenden Gruppen und deren Funktion im Produktions- und Vermarktungsprozeß dargestellt. Die Träger dieses Wirtschaftssektors sind die Sammler, die Eigentümer der Weihrauchbäume, die Händler, die Transporteure, aber auch Pächter und Aufseher, und in Somalia seit jüngerer Vergangenheit auch staatliche Genossenschaften mit Lagerarbeitern, Büroangestellten sowie Mädchen und Frauen, die für das Reinigen und Sortieren des Weihrauchs zuständig sind.

Die traditionelle Arbeitsteilung zwischen den verschiedenen Gruppen weist folgendes Organisationsschema auf. Die Eigentümer der Weihrauchbäume, z. T. auch Händler in einer Person, üben die Tätigkeit des Harzsammelns i. d. R. nicht eigenhändig aus. Meist wird die Arbeit von anderen Stammesangehörigen aber auch von stammesfremden Saisonarbeitern durchgeführt. Verbreitet ist auch die Verpachtung von Produktionsbezirken. Diese Form wird gewählt, wenn sich der Eigentümer aufgrund anderer Verpflichtungen oder großer räumlicher Entfernung zwischen Wohnplatz und Produktionsbezirk nicht persönlich um die Weihrauchernte kümmern kann. Die Pächter, die häufig auch händlerischen Aktivitäten nachgehen, übernehmen mit von ihnen engagierten Arbeitern das Weihrauchsammeln in eigener Regie. Sie werden hierbei, insbesondere bei großen Produktionsbezirken, von Aufsehern und Vorarbeitern unterstützt. Die Entlohnung der in der Weihrauchwirtschaft Beschäftigten erfolgte traditionell durch die Überlassung eines Ernteanteils, freie Verpflegung und die Gestellung von Kleidung. Die in Weihrauchgenossenschaften organisierten Sammler im heutigen Somalia werden überwiegend mit Geld entlohnt.

Die große Anzahl von Sammlern, die in der Erntezeit benötigt wird, läßt sich nur zu einem kleinen Teil in den dünn besiedelten Produktionsgebieten rekrutieren. Die bevorstehende Weihrauchernte führt daher stets zu einer erheblichen Arbeitermigration aus den an die Produktionsgebiete angrenzenden Räumen. Da die an ein entbehrungsreiches und gefahrvolles Leben in räumlicher Abgeschiedenheit gewöhnten Nomaden besonders gut für das Harzsammeln geeignet sind, stellen sie den weitaus größten Teil der Arbeiter. Darüber hinaus gilt aber auch insbesondere bei den unteren sozialen Gruppen der seßhaften Küstenbevölkerung das Weihrauchsammeln als wichtige Einkommensquelle.

Im entlegenen Nordostzipfel der Somalihalbinsel z.B. stellt die Weihrauchwirtschaft für die meisten Familien sogar die wichtigste Quelle wirtschaftlicher Wertschöpfung dar. Darüber hinaus bilden in vielen Küstenorten der Fischfang und bei der Nomadenbevölkerung des Landesinneren die mobile Viehhaltung eine weitere wichtige Lebensgrundlage. Gartenbau in Klein- und Kleinstoasen sowie händlerische Aktivitäten vervollständigen das Spektrum der Möglichkeiten zur Existenzsicherung. In der Regel gehen die Menschen überall einer Kombination der aufgeführten wirtschaftlichen Aktivitäten im saisonalen Rhythmus nach. Besonders gut ergänzen sich Weihrauchsammeln und Fischfang, da die Hauptarbeit in beiden Sektoren zu unterschiedlichen Jahreszeiten anfällt: in der Fischerei während des kühleren und windärmeren Winterhalbjahres und in der Weihrauchsammelwirtschaft in den heißen Sommermonaten.

Auch in Dhofar, wo bis Ende der 60er Jahre vergleichbare sozio-ökonomische Verhältnisse herrschten, besaß die Weihrauchwirtschaft eine derart große Bedeutung, so daß Arbeitskräfte von weither angeworben werden mußten. Aus der Blütezeit der dhofarischen Weihrauchwirtschaft vor dem 2. Weltkrieg ist überliefert, daß ein erheblicher Teil der etwa 3000 benötigten

Weihrauchsammler alljährlich aus dem Mahraland und sogar aus Nordsomalia nach Dhofar kam [13.5].

Die beträchtlichen Gewinne, die die Weihrauchwirtschaft abwirft, werden an die beteiligten Gruppen sehr ungerecht verteilt. Das Gros der aus der Weihrauchsammelwirtschaft gezogenen Gewinne kommt vor allem der in- und ausländischen Händlerschicht zugute. Hierbei profitieren die überregionalen Großhändler, die früher in Aden und Bombay saßen, und heute vor allem in Djibouti, aber auch in Djidda und Dubai anzutreffen sind, in besonderem Maße, weil sie ihre Geschäfte mit den Zielländern der Weihrauchexporte ausschließlich in frei konventierbarer Währung abwickeln.

Die Sammler hingegen erhalten von ihren privaten Auftraggebern bis heute nur eine relativ geringe Entlohnung, die häufig in Form von lebensnotwendigen Waren (v. a. Lebensmittel und Textilien) gezahlt wird. Diese Güter benötigen die Sammler in der Regel schon lange im voraus, um in der Unwirtlichkeit der Produktionsgebiete überleben und der kräftezehrenden Arbeit des

Abb. 13.6: Außer Myrrhe werden auch verschiedene andere Harzarten in der südsomalisch-kenianisch-äthiopischen Grenzregion gesammelt (von oben links nach unten rechts):
— habak hadi/habak cadaad (wird als Mittel gegen Magenbeschwerden genommen; findet als Kaugummi Verwendung; gilt als potenzfördernd)
— habak xagar* (wird in pulverisierter Form zur Heilbehandlung von Wunden und Geschwüren verwendet)
— hahak muqley* (wird gern wegen seines guten Geruchs verbrannt)
— malmal (Myrrhe) (wird in pulverisierter Form als Heilmittel bei vielen Krankheiten eingesetzt; wird verbrannt, um durch den Geruch Schlangen zu vertreiben)
(Foto: J. Janzen)

* vermutlich Bdellium-Sorten (vgl. auch S. 95)

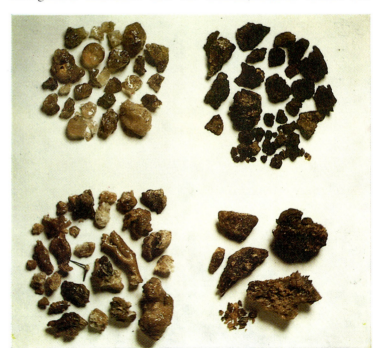

194

Harzsammelns nachgehen zu können. Da die Sammler zumeist Warenkredite erhalten, die mit wucherischen Zinsen belegt werden, befindet sich ein Großteil der Sammler in einem permanenten engen ökonomischen Abhängigkeitsverhältnis zu den regionalen Weihrauchhändlern.

Die Myrrhesammelwirtschaft Somalias ist nicht im entferntesten so straff organisiert wie die Weihrauchwirtschaft. Darüber hinaus erreicht sie aufgrund der niedrigen Erzeugerpreise bei weitem nicht die gleiche ökonomische Bedeutung wie die Weihrauchwirtschaft. Nomaden stellen auch in der Myrrhewirtschaft den überwiegenden Teil der Sammler. Die Myrrhe wird ausschließlich an private Händler verkauft (vgl. Abb. 13.7), da ihre Gewinne und Vermarktung, anders als beim Weihrauch, keinem staatlichen Monopol unterliegen. Ähnliche Abhängigkeitsbeziehungen wie in der Weihrauchwirtschaft bestehen zwischen Sammlern und Händlern auch in der Myrrhewirtschaft.

Der somalischen Regierung gelingt es nur langsam, die geschilderten parasitären Strukturen zu verändern.

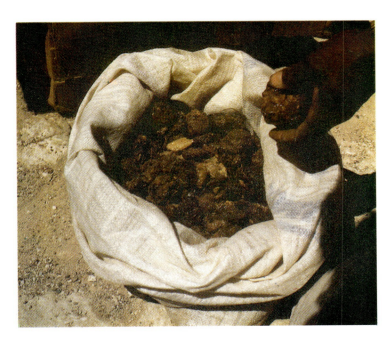

Abb. 13.7: Ceel Waaq/Südwest-Somalia: Die von den Nomaden an private Händler verkauften Myrrhe-Harzklumpen (malmal) werden in Säcken gelagert und später nach Muqdishu verkauft, von wo der wertvolle Rohstoff exportiert wird (Foto: J. Janzen)

Die Entwicklung von Produktion und Export von Weihrauch und Myrrhe nach dem zweiten Weltkrieg

Die eingangs angesprochenen Veränderungen der politischen und ökonomischen Rahmenbedingungen im arabisch-indisch-nordostafrikanischen Raum nach dem zweiten Weltkrieg haben sich in vielfältiger Weise auf die Lebens- und Wirtschaftsverhältnisse in den Harzproduktionsgebieten ausgewirkt.

Der umfassendste Wandel hat sich im südarabischen Weihrauchproduktionsgebiet Dhofar (Sultanat Oman) vollzogen, wo innerhalb von nur einem Vierteljahrhundert ein einst blühender Wirtschaftszweig zur Bedeutungslosigkeit herabsank. Bevor jedoch auf die Hintergründe dieses Niedergangs eingegangen werden soll, sei eine kurze Darstellung der historischen Verhältnisse der Weihrauchwirtschaft Dhofars vorgenommen.

Die ehemals herausragende sozio-ökonomische Bedeutung dieses Wirtschaftssektors für Dhofar wird deutlich, wenn man den Produktionsumfang von kurz vor dem 2. Weltkrieg betrachtet. Damals soll die jährliche Produktionsmenge stets zwischen sechs- und siebentausend Tonnen geschwankt haben, eine Mengenangabe, die nach Meinung d. Verf. zu hoch ausfällt. Die aus dem Weihrauchhandel gezogenen Steuereinnahmen des Sultanats Oman lagen etwa in der Größenordnung von Dreiviertel des gesamten Steueraufkommens [13.5].

Der Handel lief alljährlich nach dem gleichen bewährten Schema ab. Danach wurde der Weihrauch zweimal im Jahr, im September und März, unter Ausnutzung der vorherrschenden Monsun- und Passatwinde per Dhau (arabischer Lastensegler) nach Bombay in Britisch-Indien, dem damaligen Hauptabnehmer dhofarischen Weihrauches, verschifft. Auf ihrem Rückweg brachten die Händler all diejenigen Waren mit, die in Dhofar nicht selbst erzeugt wurden: Nahrungs- und Genußmittel, Textilien, Eisenwaren etc. Ein Großteil dieser Geschäfte lief bargeldlos ab. Ware wurde gegen Ware getauscht, Weihrauch gegen die oben genannten Importgüter. Bei diesen Tauschgeschäften machten vor allem die zahlreichen Groß- und Zwischenhändler, die zum Teil auch Schiffseigner waren, die größten Gewinne. Vergleichsweise wenig profitierten von dem lukrativen Weihrauchgeschäft die etwa dreitausend Sammler.

Aber nicht nur für die Händler bildete das Weihrauchgeschäft die Basis wirtschaftlichen Wohlergehens, auch für die Sammler

Abb. 13.8: Großer Myrrhe-Harzklumpen von etwa 12 cm Durchmesser. Das bitter schmeckende Harz bildet bis heute einen wichtigen Grundstoff für die Arzneimittelherstellung (Foto: J. Janzen)

Abb. 13.9: Gruppe von Weihrauchbäumen der Spezies *Boswellia frereana* nördlich von Ufeyn/Nordost-Somalia (Foto: J. Janzen)

stellte die Sammelwirtschaft die wichtigste Einnahmequelle dar. Sie ermöglichte es ihnen z. B., sich und ihre Familie neu einzukleiden und gut zu verpflegen. Sonst nicht erschwingliche Anschaffungen konnten getätigt werden, und für die ledigen Männer bestand die Chance, sich in relativ kurzer Zeit die finanziellen Mittel für ihre Hochzeit zusammenzusparen [13.5].

Welche Gründe können rückblickend als Hauptursachen des schnellen Niedergangs der dhofarischen Weihrauchwirtschaft nach dem zweiten Weltkrieg angesehen werden? Ein Hauptgrund für den raschen Verfall war der Verlust des indischen Absatzmarktes. Schon kurz nach der Unabhängigkeit Indiens führte die drastische Erhöhung der Einfuhrzölle dazu, daß dhofarischer Weihrauch in Bombay nicht mehr abzusetzen war. Der Versuch, die dhofarische Weihrauchproduktion zu ähnlich guten Preisen in Aden zu vermarkten, gelang aufgrund der starken somalischen Konkurrenz nur zum Teil. Die militärische Niederlage der Briten und deren Abzug aus dem Südjemen im Jahre 1967 beendete die überragende Position Adens als Freihafen und wichtigste Drehscheibe des Handels im arabisch-nordostafrikanischen Raum. Für den dhofarischen Weihrauchhandel bedeutete dies eine weitere spürbare Verschlechterung seiner ohnehin schon erschütterten Marktposition. Ein weiterer wichtiger Grund für den Rückgang der Weihrauchsammelwirtschaft waren die von Ende der 60er Jahre bis Mitte der 70er Jahre andauernden kriegerischen Auseinandersetzungen zwischen den innerdhofarischen, meist nomadischen Bevölkerungsgruppen und den Truppen des Sultans von Oman. Als Folge dieses Krieges wurden die Weihrauchproduktionsgebiete im Landesinneren von den Exporthäfen an der Küste weitgehend abgeschnitten, wodurch der Weihrauchhandel stark beeinträchtigt wurde [13.5].

Auch nach Beendigung des Dhofarkonflikts im Jahre 1976 fand keine Neubelebung der Weihrauchwirtschaft statt. Für die Bevölkerung eröffneten sich weniger anstrengende und ungefährlichere, vor allem aber gewinnbringendere Beschäftigungsmöglichkeiten im tertiären Sektor und in der Erdölwirtschaft Omans und seiner erdölreichen Nachbarländer.

Nur eine geringe Anzahl von Sammlern, meist ältere Leute, geht heute noch dem Weihrauchsammeln nach. Als Folge des stark gestiegenen Einkommens- und Preisniveaus verteuerte sich im Sultanat Oman auch der so begehrte Weihrauch erheblich. Er wurde sogar zu einem Luxusgut, dem Angehörige der weniger gut verdienenden Bevölkerungsgruppen schon bald preiswertere, vor allem aus Indien importierte Duftstoffe vorzogen.

Die derzeitige Weihrauchproduktion Dhofars dürfte sich auf wenige zehn Tonnen beschränken. Was den heutigen Umfang der dhofarischen Weihrauchbaumbestände betrifft, so kann davon ausgegangen werden, daß diese in den vergangenen zwei Dekaden in vielen Gebieten stark abgenommen haben. Aufgrund des ökonomischen Bedeutungsverlustes des Weihrauches, wurde den Bäumen nicht mehr die gleiche Pflege zuteil wie früher, ja sie wurden von den Beduinen sogar verstärkt für die Gewinnung von Viehfutter und Brennholz genutzt.

Erst seit einigen Jahren, nachdem das Ende der ohnehin vergleichsweise geringen omanischen Erdölvorräte in absehbarer Zukunft zu erwarten ist, besinnen sich weitschauende Omanis wieder auf ihre wenigen natürlichen Ressourcen. Neue Gedanken und Pläne zur Nutzung des Weihrauches werden diskutiert. Jedoch dürfte eine erneute Inwertsetzung der Weihrauchbäume Dhofars im früheren Umfang nur schwer zu realisieren sein.

Nach dem Niedergang der dhofarischen Weihrauchwirtschaft ist Somalia der Welt derzeit wichtigster Lieferant von Weihrauch. Auch in Somalia haben sich seit der Kolonialzeit vielfältige, vor allem externe Einflüsse auf die Struktur der Weihrauchwirtschaft ausgewirkt, die deutliche Veränderungen zur Folge hatten. Ähnlich wie in Dhofar führte auch in Somalia das wirtschaftliche Erstarken der Erdölländer der Arabischen Halbinsel zu einer beschäftigungsmäßigen Neuorientierung der Bevölkerung. Hunderttausende von Somalis arbeiteten während der vergangenen zwei Jahrzehnte als Gastarbeiter in den Golfstaaten oder wandten sich, sei es als temporäre Wanderarbeiter oder auch für immer, den schnell wachsenden städtischen Zentren Somalias zu. Der rasch steigende Fleischbedarf in den Erdölländern hatte in Somalia eine Kommerzialisierung und Exportorientierung der nomadischen Viehwirtschaft zur Folge. Ein Großteil der Weihrauchsammler orientierte sich an diesen neuen lukrativen Einkommensmöglichkeiten. Nachdem die Weihrauchproduktion Somalias seit Anfang der 60er Jahre kontinuierlich gestiegen war, ging die Produktion Mitte der 70er Jahre zurück und stagnierte bis Ende des Jahrzehnts, um dann erst Anfang der 80er Jahre wieder leicht anzusteigen. Eine negative Folge der Arbeitskräfteverknappung war die räumliche Konzentration der Sammelwirtschaft auf leicht erreichbare, siedlungsnahe Produktionsbezirke, was Übernutzung und Schädigungen der dortigen Baumbestände zur Folge hatte.

Anders als in Dhofar versuchte seit der Kolonialzeit die somalische Regierung in Eigenregie oder in Zusammenarbeit mit privaten Handelsorganisationen einen direkten Einfluß auf die

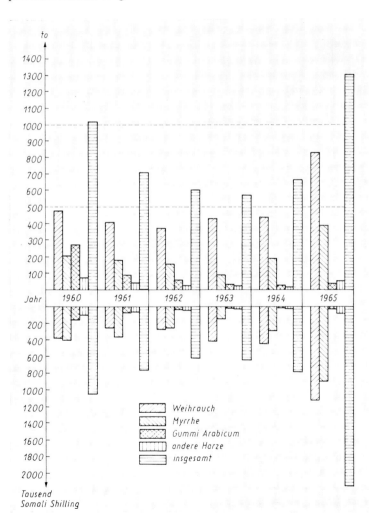

Abb. 13.10: Somalische Exporte aromatischer Harze (1960–65/Offizielle Statistik) *Quelle:* Somalia Republic 1961–63: Northern Region, Annual Trade Report/Republica Somalo 1961–66: Statistica del Commercio con l'estero.
Nach: German Planning and Economic Advisory Group/Dr. Hendrikson 3/1968: Appendix II.
(Entwurf: J. Janzen 1987)

200

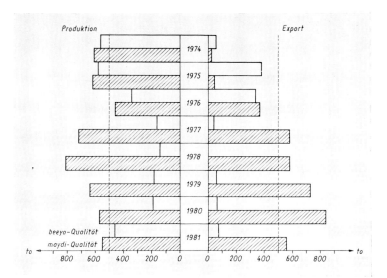

Abb. 13.11: Produktion und Export von Weihrauch – Bari-Region/NO-Somalia (1974–81/Offizielle Statistik)
Quelle: Staatliche „Handelsagentur für Weihrauch und Gummi-Harze", Boosaaso 1982
(Entwurf: J. Janzen 1987)

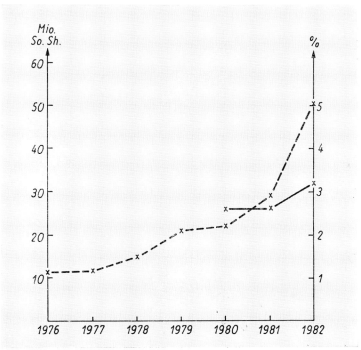

Abb. 13.12: Wertmäßiger Umfang der Harzexporte Somalias (1976–82/ Offizielle Statistik)
Quelle: Central Bank of Somalia, Annual Report 1982, Mogadishu
(Entwurf: J. Janzen 1987)

--x-- Jährliche Einnahmen aus dem Harzexport in Mio. So. Sh.
x——x Jährlicher wertmäßiger Anteil der Harzexporte am Gesamtausfuhrwert des Landes in %

gewinnbringende Weihrauchwirtschaft zu erlangen, was man bis heute vor allem auf dem Weg über die Kontrolle der Vermarktung durch Ausschaltung der privaten in- und ausländischen Händler zu erreichen versucht. Bisher hat die Bevölkerung in den entlegenen nordsomalischen Weihrauchproduktionsgebieten versucht, sich einer zu starken Kontrolle zu entziehen. Nach wie vor wird der weitaus größte Teil, vor allem der qualitätsmäßig hochwertigen Harze, illegal außer Landes gebracht, wobei den Schmugglern die fehlende verkehrsmäßige Erschließung, die leicht überquerbaren Landesgrenzen und die lange, unkontrollierbare Küstenlinie zugute kommen. Auf diese Weise gehen dem Staat wichtige, für die Landesentwicklung benötigte Einnahmen verloren.

Ein kurzer Überblick über die Geschichte der staatlichen Einflußnahme auf die Weihrauchwirtschaft und die offizielle Produktionsentwicklung in Somalia verdeutlicht die Schwierigkeiten des Staates, in das traditionelle, stammesintern organisierte und durch zahlreiche Abhängigkeitsbeziehungen gekennzeichnete System der Weihrauchwirtschaft einzudringen.

Nach Auskunft der staatlichen somalischen „Handelsagentur für Weihrauch- und Gummi-Harze" gehen erste Versuche, den Weihrauchhandel zu kontrollieren, auf die faschistische Zeit der ausgehenden 20er und beginnenden 30er Jahre zurück. Die italienische Kolonialregierung hatte seinerzeit eine Aufkauf- und Vermarktungsorganisation ins Leben gerufen. Deren Ziel war es, die Weihrauchproduktion in der Provinz Migiurtinia (nach unveröffentlichten Statistiken der italienischen Kolonialregierung betrug die Weihrauchproduktion/beeyo-Qualitäten 1929 bereits 998,8 t), der heutigen Verwaltungsregion Bari, im Norden der Kolonie zu kontrollieren und eine rasche Produktionssteigerung zu erreichen. Den Italienern ging es ausschließlich um den Ankauf der beeyo-Harzqualitäten, dem Harz des Moxor-Baumes, während die maydi-Qualitäten des Jagcaar-Baumes nur über private Händler vor allem nach Arabien vermarktet wurden. Offizielles Ziel der kolonialen Weihrauchorganisation war die Beendigung der Ausbeutung der Sammler durch die privaten Händler. Inoffiziell dürfte es der Kolonialverwaltung vor allem darum gegangen sein, durch eine verstärkte wirtschaftliche Nutzung der wenigen natürlichen Ressourcen des Landes, ihre Präsenz in Somalia vor dem Mutterland auch ökonomisch rechtfertigen zu können. Die Tätigkeit dieser Or-

202

ganisation beschränkte sich jedoch nur auf eine kurze Phase bis zur Besetzung Italienisch-Somalilands durch die Briten im Jahre 1941. In den 40er Jahren kam es wieder zu einer Stärkung der Position der privaten Händler.

In den 50er und 60er Jahren gab es im ehemaligen Italienisch-Somaliland erneut verschiedene Anläufe zur Kontrolle der Weihrauchwirtschaft durch staatlich unterstützte privatwirtschaftliche Organisationen und den Staat selbst, um die bisherige marktbeherrschende Stellung der privaten Weihrauchhändler zu brechen. Obwohl die staatlich registrierten Weihrauchexporte, wie die Exportstatistik von 1960–65 dokumentiert (vgl. Abb. 13.10 und 13.12), allmählich gesteigert werden konnten, resultierte daraus nur eine geringfügige Schwächung der starken ökonomischen Position der privaten Weihrauchhändler. Diese profitierten weiterhin von dem altbewährten, auf tribalen Loyalitäts- und Abhängigkeitsbeziehungen basierenden parasitären System und konnten auch in der Folgezeit den größten Gewinn für sich verbuchen (vgl. Abb. 13.13).

Ein weiteres Hindernis für die Realisierung der staatlichen Politik stellte die Tatsache dar, daß die an einen weitgehend nicht-monetären Tauschhandel gewöhnten Sammler vom Staat angebotene Kredite, die ihnen eine Befreiung aus der finanziellen Abhängigkeit von den Händlern ermöglichen sollten, zwar annahmen, sie jedoch nur selten zurückzahlten. Weiterhin wurden bei den staatlich kontrollierten Sammelstellen vor allem nur diejenigen Harze abgeliefert, die den Qualitätsansprüchen des Weltmarktes nicht genügten, während der hochwertige Weihrauch weiterhin an die privaten Händler veräußert wurde. Schuld daran trug zu einem erheblichen Teil die staatliche Preispolitik, die den Sammlern zu geringe Anreize zu einer Neuorientierung bot.

Nach der Revolution in Somalia im Jahre 1969 führte die neue, auf eine rasche Verbesserung der sozio-ökonomischen Verhältnisse ausgerichtete Wirtschaftspolitik auch zu Veränderungen in der Weihrauchwirtschaft. Hierbei ging es der Regierung vor allem darum, die die Händlerschicht einseitig begünstigende Struktur der Weihrauchwirtschaft zu verändern.

Als wichtigste Maßnahmen zur Erreichung dieses Ziels wurden die Verstaatlichung des Weihrauchhandels, die Errichtung eines Staatsmonopols für Weihrauch und die Einführung einer genossenschaftlichen Organisation der Weihrauchwirtschaft angesehen werden (Abb. 13.14 bis 13.22). Durch die Einrichtung der staatlichen Kooperativen, die neben dem Ankauf des Harzes auch dessen Reinigung und Sortierung nach Qualitätsklassen übernahmen, konnte auf den Exportmärkten ein qualitativ verbessertes Angebot erreicht werden. Um die Weihrauchproduktion rasch zu steigern und um den Sammlern einen gerechteren Preis für ihre anstrengende Tätigkeit zu bieten, erhöhte die somalische Regierung mehrfach die Erzeugerpreise. Während diese für die beeyo-Qualitäten wegen fehlender Nachfrage (vgl. Abb. 13.11) nur leicht anstiegen, wurden die Preise für die verschiedenen maydi-Qualitäten um ein Vielfaches gesteigert (vgl. Tab. 13.1.). Vor allem der Absatz von maydi-Harzqualitäten erlebte nicht zuletzt durch die große Nachfrage auf dem saudiarabischen Markt einen raschen Aufschwung (vgl. Abb. 13.11).

Abb. 13.13: Ungefähre durchschnittliche Kosten- und Preisstruktur bei der Vermarktung von Harzen bester Qualität (1965) *Quelle:* German Planning and Economic Advisory Group/Dr. Hendrikson: Report on Production and Marketing of Gums and Resins in Somalia (1968) 32 (Entwurf: J. Janzen 1987)

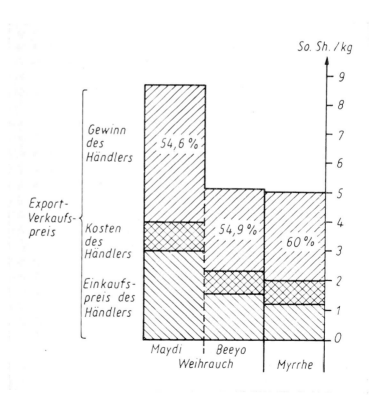

Quelle:

Ermittlungen d. Verf. bei der staatlichen „Handelsagentur für Weihrauch und Gummi-Harze" in Mogadishu, Boosaaso, Qandala und Calula, Januar 1986

Tab. 13.1: Erzeuger- und Exportpreise für Weihrauch und Myrrhe in Somalia[1]

Anmerkungen:

1) Die Erzeugerpreise (Preise, die die Sammler erhalten) und die Exportpreise für Weihrauch werden von der staatlichen Monopolgesellschaft festgesetzt. Die Ankauf- und Exportpreise für Myrrhe und „falsche Myrrhe" werden von privaten Händlern bestimmt, wodurch eine gewisse Schwankungsbreite auftritt.
2) Qualitätsstufen-Bezeichnungen gelten nach Reinigung und Sortierung des angelieferten Harzes. Die Festlegung der Qualitätsunterschiede erfolgt nach Größe, Färbung und Reinheit der Harzklumpen.
3) So. Sh. = Somali Shilling/der offizielle Wechselkurs betrug im Januar 1986 83 So. Sh. für 1 US-Dollar, der inoffizielle erreichte fast das Doppelte.
4) Der Schwarzmarktpreis für die beste maydi-Qualitätsstufe „mushaad" lag Anfang 1986 in Djibouti bei über 50 US-Dollar/1 kg.

	maydi-Qualitäts-stufen[2]	Prozentualer Anteil an Harz-Ausbeute	Offizieller Erzeugerpreis in So. Sh. [3]/kg				Exportpreis in US-Dollar/kg[4] 1986
			1973	1976	1983	1986	
Weihrauch	1. mushaad	10	4	14	60	330	35
	2. mujarwal	20	2	9	44	330	30
	3. fas kebiir	15	1	4	20	200	–
	4. fas saghiir	10	0,6	1	10	200	–
	5. jabaanjib	45	–	–	–	60	–
	6. shorta		–	–	–	60	–
	7. siif		–	–	–	60	–
	8. foox		–	–	–	20	–
	beeyo-Qualitätsstufen[2]						
	1. Qualität	–	2	2,5	25	60	6
	2. Qualität	–	1	1,5	19	45	3
	3. Qualität	–	0,6	0,6	10	20	2
Myrrhe	malmal (1. Qualität)	–	3–4	4–5	20–30	30–40	3
	habak hadi (1. Qualität) „falsche Myrrhe"	–	–	–	–	20–30	2

205

Trotz der erzeugerfreundlicheren Preispolitik der Regierung konnte die erwünschte schnelle Erhöhung der Weihrauchproduktion nicht verwirklicht werden, wie dies auch in der Produktionsstatistik für die Verwaltungsregion Bari zum Ausdruck kommt (vgl. Abb. 13.11).

Diese Abbildung weist jedoch auch auf ein anderes Problem hin: die Diskrepanz zwischen den produzierten und exportierten Weihrauchmengen. Hier wird das Fehlen weitreichender Kontakte zu ausländischen Händlern und Importeuren, eine Tatsache, die in den ersten Jahren nach der Verstaatlichung des Weihrauchhandels ein schwieriges Problem darstellte, besonders deutlich. Dies gilt vor allem für den Absatz der beeyo-Harzqualitäten (vgl. Abb. 13.11), für die bis heute noch Vermarktungsmöglichkeiten gesucht werden. Trotz der aufgezeigten Probleme konnte jedoch der wertmäßige Umfang der offiziellen somalischen Exporte aromatischer Harze von etwa 11,5 Mio. So. Sh. im Jahre 1976 fast um das Viereinhalbfache auf etwa 50,5 Mio. So. Sh. im Jahre 1982 gesteigert werden, was vor allem auf die gestiegenen Exportpreise (vgl. Tab. 13.1) und auf

Abb. 13.14: Blick aus westlicher Richtung auf die Küstensiedlung Calula, einer der wichtigsten Sammelstellen für Weihrauchharze in Nordost-Somalia. Die große Halle am Ortsanfang beherbergt das Weihrauchlager der staatlichen Weihrauchhandelsagentur (Foto: J. Janzen)

den hohen prozentualen Anteil der gewinnbringenden maydi-Harze zurückzuführen ist (vgl. Abb. 13.11).

Seit Anfang der 80er Jahre hat die somalische Regierung große Anstrengungen unternommen, um erneut durch Erhöhung der Erzeugerpreise die Weihrauchproduktion anzukurbeln. Hierbei kam ihr die günstige Entwicklung der Exportpreise zugute. Die Preise in So. Sh. wurden unter Berücksichtigung der hohen Inflationsrate, dem Wertverlust des So. Sh. gegenüber dem US-Dollar entsprechend, mehrmals erhöht (vgl. Tab. 13.1.).

Eine weitere staatliche Maßnahme zur Erreichung einer größeren Kontrolle über den Weihrauchhandel, ist die seit einigen

Abb. 13.15: Weihrauchsammelstelle Qardho. Nur sehr selten werden von den Sammlern derartig große Weihrauchzapfen der maydi-Qualität angeliefert (Foto: J. Janzen)

208

Jahren geübte Praxis der Verteilung von staatlichen Export-
lizenzen an private Händler. Hierdurch konnte die Regierung
den hohen Anteil illegaler Geschäfte etwas zurückdrängen und
neue Einnahmequellen erschließen.

Im Rahmen der von der Regierung eingeleiteten Maßnahmen
zur Erhöhung der Weihrauchproduktion sind weiterhin mehrere
Versuchsanpflanzungen mit Weihrauchbäumen (Moxor- und
Jagcaar-Bäumen) erwähnenswert (vgl. Abb. 13.23). Diese wurden seit Ende der 70er Jahre vom Staat und inzwischen auch
von Privatleuten innerhalb des nordsomalischen Weihrauchgürtels angelegt.

Im Gegensatz zu den natürlichen Standorten der wildwachsenden Weihrauchbäume im Gebirge liegen die Versuchsfelder auf
Verebnungen in Talzonen. Obwohl hier andere bodenmäßige
und mikroklimatische Verhältnisse herrschen, sind die ersten Ergebnisse ermutigend, da ein beachtlicher Teil der Setzlinge angewachsen ist und sich gut entwickelt hat [13.3]. Es bleibt jedoch
abzuwarten, ob die angepflanzten Bäume eine mit den auf Kalkgestein wildwachsenden Bäumen vergleichbare Harzqualität erreichen. Dies muß aufgrund der in den Tallagen andersartigen
physischen Rahmenbedingungen zumindest bezweifelt werden.

Weihrauchanpflanzungen besäßen den Vorteil, mit einem Bruch-
teil des normalerweise zum Harzsammeln benötigten Arbeits-
und Kostenaufwands Weihrauch zu produzieren. Darüber
hinaus würde diese Art der Harzgewinnung dem Streben des
Staates nach größerer Kontrolle des Weihrauchsektors entgegenkommen. Es muß jedoch bezweifelt werden, daß großflä-
chige Weihrauchanpflanzungen in den Tallagen eine Zukunft
haben. Denn würde sich eine derartige Produktionsweise pro-
blemlos realisieren lassen, wären aus der langen Geschichte der
nordsomalischen und dhofarischen Weihrauchwirtschaft sicherlich schon derartige Beispiele bekannt.

Betrachtet man die Entwicklung der Weihrauchwirtschaft in den
80er Jahren, dann läßt sich feststellen, daß, obwohl der Schmug-
gel infolge der verschiedenen staatlichen Maßnahmen etwas zu-
rückzugehen scheint, der größte Teil der somalischen Weihrauchproduktion nach wie vor illegal außer Landes gebracht
wird. Verläßliche Statistiken über die staatlich kontrollierte und
die tatsächliche Weihrauchproduktion sowie die davon jährlich
exportierten Mengen sind nicht verfügbar. Mündlichen Mittei-

Abb. 13.16 bis 13.19: Weihrauchsammelstelle einer
staatlichen Kooperative in
Qardho/Nordost-Somalia.
Der von den Sammlern an-
gelieferte unsortierte und
durch Erde und Baum-
rindenreste verschmutzte
Weihrauch wird gereinigt,
nach Qualitätsstufen sor-
tiert und für den Abtrans-
port möglichst kühl und
trocken gelagert. Das Reinigen und Sortieren wird
bei niedrigen Löhnen aus-
schließlich von jungen
Frauen durchgeführt. Der
bei dieser Tätigkeit auftre-
tende Staub stellt eine erhebliche Belastung für die
Atmungsorgane dar
(Fotos: J. Janzen) S. 208

Abb. 13.20: Emblem der genossenschaftlich organisierten staatlichen „Handelsagentur für Weihrauch und Gummiharze Somalias, symbolisiert durch einen rauchenden Weihrauchbrenner und zwei gekreuzte Schabemesser der Weihrauchsammler (Foto: J. Janzen)

Abb. 13.21, 13.22: Werbebilder für die Weihrauchwirtschaft in der „Handelsagentur für Weihrauch und Gummiharze" in Muqdisho (Mogadishu)/Somalia. Auf dem einen Gemälde wird das Harzsammeln dargestellt, auf dem anderen ist eine somalische Frau mit einem Weihrauchbrenner zu sehen (Fotos: J. Janzen)

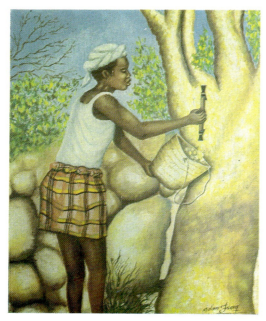

lungen von Vertretern der staatlichen somalischen „Handelsagentur für Weihrauch- und Gummi-Harze" zufolge, dürfte in
den vergangenen Jahren die offiziell exportierte Harzmenge
zwischen 1 500 und 2 000 t jährlich geschwankt haben. Kenner
des Weihrauchhandels beziffern die geschmuggelten Mengen
auf mindestens die gleiche Tonnage.
Als Hauptzielländer der somalischen Weihrauchexporte sind zu
nennen: Volksrepublik China, Saudi-Arabien, Frankreich, Ita-
lien, Bundesrepublik Deutschland, Schweiz und Vereinigte Arabische Emirate. Hauptabnehmerländer für beeyo-Qualitäten
sind die Volksrepublik China und Frankreich. Der größte Teil
der maydi-Qualitäten wird hingegen in Saudi-Arabien abge-
setzt. Offizielle Ausfuhrhäfen für Weihrauch sind Berbera für
die maydi- und Mogadishu für die beeyo-Qualitäten.
Über die Entwicklung der somalischen Myrrheproduktion exi-
stieren keine verläßlichen statistischen Daten, da die Myrrhe
ausschließlich von privaten Händlern vermarktet wird. Die
Myrrheproduktion dürfte jedoch wohl kaum über der offiziellen
Produktionsmenge von knapp 400 t vom Jahre 1965 liegen, da
die Myrrhesammelwirtschaft durch den Ogadenkonflikt nach
1977 in weiten Teilen ihrer Produktionsgebiete nur unter er-
schwerten Bedingungen durchzuführen war. Hauptzielland der
Myrrheexporte ist Saudi-Arabien. Um die Produktion anzukurbeln, wurden die Erzeugerpreise seit 1973 von 3–4 So. Sh./kg
auf 30–40 So. Sh./kg im Jahre 1986 erhöht (vgl. Tab. 13.1.).
Diese Erhöhung war jedoch aufgrund der hohen Inflationsrate
notwendig, sollte nicht der finanzielle Anreiz für die Sammler
völlig verlorengehen.

Die derzeitigen Hauptprobleme der Harzsammelwirtschaft und zukünftige Entwicklungsmöglichkeiten

Die bisherigen Ausführungen haben verdeutlicht, welche z.T.
umfassenden Veränderungen sich in jüngerer Vergangenheit in
der Harzsammelwirtschaft in Südarabien und am Horn von Afrika vollzogen haben und welche die Harzsammelwirtschaft be-
treffenden Probleme es zu lösen gilt.
Ziel dieser abschließenden Betrachtung soll der Versuch sein,
eine Antwort auf die eingangs gestellte Frage nach den zukünftigen Entwicklungsmöglichkeiten der Harzsammelwirtschaft in
Oman und Somalia zu geben.

Obwohl in beiden Staaten infolge der jüngeren Entwicklung seit 1969/70 unterschiedliche politische und sozio-ökonomische Rahmenbedingungen entstanden sind, und in Oman eine Wiederbelebung, in Somalia hingegen lediglich eine Weiterentwicklung der Harzsammelwirtschaft zur Diskussion stehen, können nach Meinung d. Verf. aufgrund ähnlich gelagerter Probleme auch in beiden Staaten anwendbare Lösungsansätze formuliert werden, die jedoch an die jeweiligen landesspezifischen Rahmenbedingungen angepaßt werden müßten.

Ohne im einzelnen auf die unterschiedlichen nationalen Gegebenheiten eingehen zu wollen, lassen sich drei Hauptpunkte herausstellen, die für eine Wiederbelebung bzw. Weiterentwicklung hinderlich sind:

1. Der zunehmende Mangel an qualifizierten und ein entbehrungs- und risikoreiches Leben akzeptierenden Sammlern,
2. die immer noch zu niedrigen Erzeugerpreise aufgrund zu hoher Gewinnspannen bei den privaten und staatlichen, in- und ausländischen Trägern der Vermarktung und
3. die auf Landesebene vergleichsweise unzureichende infrastrukturelle Erschließung der peripheren Produktionsgebiete.

Die Frage, ob die Harzsammelwirtschaft vor dem Hintergrund der dargestellten Probleme überhaupt noch eine Zukunftschance besitzt und deren Entwicklung volkswirtschaftlich überhaupt sinnvoll ist, kann nach Meinung d. Verf. im Falle von Somalia — und mittelfristig in Hinblick auf die sich abzeichnende Nach-Erdölära auch für das Erdölförderland Oman — bejaht werden. Diese Einschätzung wird durch folgende zwei Tatbestände unterstützt:

1. Die Nachfrage nach Weihrauch und Myrrhe ist nach Auskunft verschiedener deutscher Harzimporteure in den vergangenen Jahren beständig angewachsen, so daß auch in absehbarer Zukunft mit einem weiteren Anstieg der Nachfrage gerechnet werden kann und
2. neben den derzeitigen Hauptmärkten in Europa, Arabien und Ostasien, lassen sich bei einer offensiven Vermarktungspolitik der Erzeugerländer mit Sicherheit noch andere Absatzmärkte nicht nur in den Industrieländern, sondern auch in Entwicklungsländern erschließen.

212

Bei beiden Staaten handelt es sich um relativ rohstoffarme Länder, deren Volkswirtschaften derzeit sehr einseitig von einer Ressource, zeitlich begrenzten Erdölvorkommen in Oman und nomadischer Viehwirtschaft in Somalia, abhängen. Ein Hauptziel der zukünftigen Entwicklungsplanung dieser Staaten muß es nach Meinung d. Verf. daher sein, durch eine umfassende Inwertsetzung aller natürlichen Ressourcen eine möglichst breite Diversifizierung der Volkswirtschaft zu erreichen, um neue Beschäftigungsmöglichkeiten für die rasch wachsende Bevölkerung zu schaffen. In zukünftigen Landesentwicklungsplänen sollte die Ausweitung/Wiederbelebung und Modernisierung der Weihrauch- und Myrrhewirtschaft daher noch entschiedener gefördert werden als bisher.

Zur Verbesserung der Lebens- und Wirtschaftsverhältnisse in den Hauptproduktionsgebieten und zur Eindämmung der Abwanderung weiterer Bevölkerungsteile in die Städte, könnten gezielte, speziell auf die Bedürfnisse der betroffenen Bevölkerungsgruppen ausgerichtete Entwicklungsmaßnahmen Abhilfe schaffen

Abb. 13.23: Pflanzung mit Weihrauchbäumen in Ufeyn/ Nordost-Somalia. Seit einigen Jahren wird an verschiedenen Orten Nord-Somalias der normalerweise wild wachsende Weihrauchbaum mit unterschiedlichem Erfolg auf Versuchsfarmen künstlich angepflanzt. Bei den vorn rechts wachsenden Weihrauchbäumen handelt es sich um den Moxor-Baum (*Boswellia carteri*), bei der linken Baumreihe um Jagcaar-Bäume (*Boswellia frereana*)
(Foto: J. Janzen)

Es seien hierfür folgende Empfehlungen ausgesprochen:
1. Weitere Erhöhung der Erzeugerpreise und termingerechtere Bezahlung, um einen verstärkten finanziellen Anreiz für die Tätigkeit als Harzsammler zu schaffen,
2. deutliche Verbesserung der technischen und sozialen Infrastruktur (Neubau bzw. Erweiterung des Netzes an Straßen und Wegen, Transportsystemen, Wasserstellen, Krankenstationen, Schulen, Kreditinstituten und Versorgungspunkten für Lebensmittel, Kraftstoff, Ersatzteile etc.),
3. erhebliche Verbesserung der Vermarktungsorganisation, u.a. auch durch eine gezielte Einbeziehung der privaten Händler mir ihren weitreichenden Handelskontakten und
4. Aufbau von harzverarbeitenden Betrieben in den Produktionsgebieten oder in ihrer Nähe, um durch einen höheren Verarbeitungsgrad der Rohstoffe die Gewinnmöglichkeiten dieses Wirtschaftssektors zu erweitern.

Es liegt auf der Hand, daß bei der Vielzahl der wünschenswerten Entwicklungsmaßnahmen zumindest der somalische Staat derzeit finanziell überfordert wäre. Durch materielle Unterstützung von Entwicklungshilfeorganisationen könnte hier Abhilfe geschaffen werden. Im Falle der Verwirklichung des aufgeführten Maßnahmenkatalogs beständen in Somalia und Oman gute Voraussetzungen, die Harzsammelwirtschaft zu intensivieren bzw. wiederzubeleben, schneller als bisher das illegale Element im Harzhandel zurückzudrängen, die Existenzbedingungen der in der Harzproduktion beschäftigen Menschen erheblich zu verbessern und letztlich einen — wenn auch nur kleinen — Beitrag zur Steigerung der Leistungsfähigkeit der Volkswirtschaften zu leisten.

[1.1]   Henglein, M.: Die heilende Kraft der Wohlgerüche und Essenzen. Schönbergers Verlag, München, 1985

[1.2]   Valnet, J.: Aromatherapie. Wilhelm Heyne Verlag, München, 1986

[1.3]   Kolominski, J. L.: Geheimnisse der Psyche. Verlag MIR, Moskau, und Urania Verlag, Leipzig, Berlin, 1979, S. 88–89

[1.4]   Groom, N.: Frankincense and Myrrh. Longman, London and Librairie du Liban, Beirut, 1981

[1.5]   Dorr, A.: Frankincense, Myrrh and Opopanax. Dragoco Report 1973 (5), 100

*

[2.1]   Ohloff, G.: Chemie in unserer Zeit **5** (1971), 114

*

[3.1]   Kurzbericht in: Naturwiss. Rundsch. **38** (1985), 483

[3.2]   Tschirch, A.; Stock, E.: Die Harze. Gebr. Bornträger Verlag, Berlin, 1933–1936

[3.3]   Wolff-Berlin, H.: Die natürlichen Harze. Wissenschaftliche Verlagsgesellschaft, Stuttgart, 1928

[3.4]   Sandermann, W.: Naturharze, Terpentinöl, Tallöl. Springer Verlag, Berlin, Göttingen, Heidelberg, 1960

[3.5]   Gildemeister, E.; Hoffmann, F.: Die Ätherischen Öle. Akademie-Verlag, Berlin, 1956–1971

[3.6]   Geller, L.: pta in der Apotheke **13** (1984), 98

[3.7]   Hagers Handbuch der pharmazeutischen Praxis. (Hrsg. von List, P. H., Hörhammer, L.) Springer Verlag, Berlin, Heidelberg, New York, 1967–1977

[3.8]   Martinetz, D.; Lohs, Kh.: Naturwiss. Rundsch. **40** (1987), 85; Breckle, S.-W.; Unger, W.: Afghanistan Journal **4** (1977), 3, 86

[3.9]   Spaich, W.; Koethke, G. Deutsche Apoth.-Ztg. 1955 (50), 1193

[3.10] Kurzbericht in: Naturwiss. Rundsch. **39** (1985), 75

[3.11] Sandermann, W.: Naturwiss. Rundsch. **37** (1984), 482

*

[4.1]   Wehmer, C.: Die Pflanzenstoffe. Gustav Fischer Verlag, Jena, 1931

[4.2]   Tschirch, A.: Handbuch der Pharmakognosie, Bd. 1.1. und 1.2. Chr. H. Tauchnitz, Leipzig, 1909/1910

[4.3]   Tschirch, A.; Stock, E.: Die Harze. Gebr. Bornträger Verlag, Berlin, 1933–1936

[4.4]   Stock, E.: Farbe und Lack 1912, 323

[4.5]   Hagers Handbuch der pharmazeutischen Praxis. (Hrsg. von List, P. H., Hörhammer, L.) Springer Verlag, Berlin, Heidelberg, New York, 1967–1977

[4.6]   Hoppe, H. A.: Drogenkunde, Bd. 1. De Gruyter Verlag, Berlin (West), 1975

*

[5.1]   Müller, W. W.: Weihrauch – ein arabisches Produkt und seine Bedeutung in der Antike. München, 1978; Müller, W. W.: Theolog. Quartalsschrift **149** (1969), 350

[5.2]   Schmidt, A.: Drogen und Drogenhandel im Altertum. J. A. Barth Verlag, Leipzig, 1924

215

[5.3] Raunig, W.: Bernstein, Weihrauch, Seide. Waren und Wege der antiken Welt. A. Schroll Verlag, Wien und München, 1973; Groom, N.: Frankincense and Myrrh. A Study of the Arabian Incense Trade. London, 1981

[5.4] Müller, W. W. in Paulys Realencyclopädie der classischen Altertumswissenschaft. Supplementband XV. A. Druckmüller Verlag, München, 1978, S. 700 ff.

[5.5] Zohary, M.: Pflanzen der Bibel. Calwer Verlag, Stuttgart, 1983

[5.6] Senn, G.: Die Ernte. Schweiz. Jahrb. **5** (1924), 161

[5.7] Theophrast von Eresos: Historia plantarum, Causae plantarum. Auswahl griech. u. deutsch, Ausgabe von W. Plankl, 1947; Fridericus Wimmer, Frankfurt/M, 1964

[5.8] Janzen, J.: Dhofar: Vom Weihrauch zum Erdölland. Orient **23** (1982), 4, 600–649; Wissmann, H. v.: Das Weihrauchland Sa'kalan, Samarum und Mos-cha. (Mit Beiträgen von W. W. Müller). Österreichische Akademie der Wissenschaften. Phil.-Hist. Klasse, Sitzungsberichte 324. Bd., Wien, 1977

[5.9] Reinhardt, L.: Kulturgeschichte der Nutzpflanzen. E. Reinhardt Verlag, München, 1911

[5.10] Paulys Realencyclopädie der classischen Altertumswissenschaft. 31. Halbband. J. B. Metzlersche Verlagsbuchhandlung, Stuttgart, 1933, S. 1134 ff.

[5.11] Fabricius, B.: Der Periplus des Erithräischen Meeres. Leipzig, 1883

[5.12] Rathjens, C.: Tribus **2**/3 (1952/53), 275–403; Die Pilgerfahrt nach Mekka. Von der Weihrauchstraße zur Ölwirtschaft. Hamburgische Abhandlungen zur Weltwirtschaft. Robert Mölich Verlag, Hamburg, 1948, S. 23–38;
Phillips, W.: Unknown Oman. Librairie du Liban, Beirut, 1971, S. 179–201

[5.13] Janzen, J.; Scholz, F.: Die Weihrauchwirtschaft Dhofars (Sultanat Oman). Innsbrucker Geograph. Studien **5** (1979), 501–540; Janzen, J.: Südarabien, Ost-Dhofār – Gewinnung von Weihrauch-Harz. Film E 2527 des IWF, Göttingen. Publikation von J. Janzen, Publ. Wiss. Film, Sekt. Ethnologie, Ser. 9, Nr. 53, Göttingen, 1979, 16 S.; Al qasah al-kamalah ashjarah al-luban yabda min zufar ila misr wal yunan wa ruma (Die Geschichte des Weihrauchbaumes. Die Weihrauchstraße von Dhofār bis Ägypten, Griechenland und Rom). „23 yulyo" (23. Juli), 1/1 (1980)

[5.14] Plinius d. Ältere: Historia naturalis. Hrsg. von D. Detlefsen, 1866–1882; Naturalis historiae libri. Ludovicus Jan et Carolus Mayhoff. 5 Bde., Leipzig, 1892–1898

[5.15] Kaster, H. L.: Die Weihrauchstraße. Umschau Verlag, Frankfurt/M., 1986; Bochow, K.-H.; Stein, L.: Hadramaut. Brockhaus Verlag, Leipzig, 1987

[5.16] Wissmann, H. v.: Zur Geschichte und Landeskunde von Südarabien. Wien, 1964

[5.17] Müller, D. H. (Hrsg.): Al-Hamdānī's Geographie der arabischen Halbinsel, Bd. 1. Leiden, 1884

*

[6.1] Tschirch, A.; Stock, E.: Die Harze. Gebr. Bornträger Verlag, Berlin, 1933–1936

[6.2] Wehmer, C.: Die Pflanzenstoffe. Gustav Fischer Verlag, Jena, 1931

[6.3] Müller, W. W. in Paulys Realencyclopädie der classischen Altertumswissenschaft. Supplementband XV. A. Druckmüller Verlag, München, 1978, S. 700 ff.

[6.4] Hepper, F. N.: Journ. of Egypt. Arch. **LV** (1969), 66–72

[6.5] Holmes, E. M.: Perfum. Record **7** (1916), 78

[6.6] Engler, A.; Harms, H.: Die natürlichen Pflanzenfamilien. Engelmann Verlag, Leipzig (später Duncker Verlag, Berlin), 1927 ff.; Engler, A.; Prantl, K.: Die natürlichen Pflanzenfamilien. Duncker & Humblot, Berlin (West), 1960

[6.7] Menon, M. K.; Kar, A.: Planta medica **19** (1970), 333; Pardhy, R. S.; Bhattacharyya, S. C.: Indian J. Chem. **16** B (1978), 171, 174, 176

[6.8] Proietti, G. et al.: Planta medica 1981, 417

[6.9] Strappaghetti, G. et al.: Phytochemistry **21** (1982), 2114

[6.10] Bent, T.: Southern Arabia, 1900 (zit. nach [6.3])

[6.11] Doe, D. B.: Socotra. An Archaeological Reconnaissance in 1967. Field Research Projects 1970 (zit. nach [6.3])

[6.12] Hildebrandt, J. M.: Über Weihrauch und Myrrhe. Ber. d. Ges. naturforsch. Freunde zu Berlin, 1878, 195

[6.13] Pernet, R.: Lloydia **35** (1972), 280

[6.14] Hagers Handbuch der pharmazeutischen Praxis. (Hrsg. von List, P. H., Hörhammer, L.) Springer Verlag, Berlin, Heidelberg, New York, 1967–1977

[6.15] Hoppe, H. A.: Drogenkunde, Bd. 1. De Gruyter Verlag, Berlin (West), 1975

[6.16] Dragendorff, G.: Die Heilpflanzen der verschiedenen Völker und Zeiten. Reprint Werner Fritsch, München, 1967

[6.17] Bergström, T.; Persson, A.; Thulin, M.; Warfa, A. M.: Domestication of frankincense trees. Travel Report 1982, 11

[6.18] Birdwood, G.: On the Genus Boswellia. Trans. Linn. Soc. Lond. **27** (1870), 111

*

[7.1] Wehmer, C.: Die Pflanzenstoffe. Gustav Fischer Verlag, Jena, 1931

[7.2] Tschirch, A.; Stock, E.: Die Harze. Gebr. Bornträger Verlag, Berlin, 1933–1936

[7.3] Thomas, A. F.; Müller, J. M.: Experientia **16** (1962), 62

[7.4] Wenninger, J. A.; Yates, R. L.: Journal of the AOAC **52** (1969), 1155

[7.5] Madaus, G.: Lehrbuch der biologischen Heilmittel. Georg Thieme Verlag, Leipzig, 1938

[7.6] Obermann, H.: Dragoco Report 1977, 260

[7.7] Craveiro, A. et al.: Planta medica 1983, 97

[7.8] Provan, G. J.; Watermann, P. G.: Planta medica 1985, 271

[7.9] Thomas, A. F. et al.: Experientia **16** (1962); 62; Tetrahedron **15** (1961), 212; **16** (1961), 264; Tetrahedron Letters 1964 (43), 3177

[7.10] Bhati, A.: J. Indian Chem. Soc. **27** (1950), 436; Patil, V. P. et al.: Tetrahedron **28** (1972), 2341; **29** (1973), 341; Bose, S.; Gupta, K. C.: Indian J. Chem. **2** (1964), 57; **4** (1966) 87;

Tripathi, I. B. et al.: Planta medica 1984, 78;
Mester, L. et al.: Planta medica 1979, 367

[7.11] Schneider, G.: Pharmazeutische Biologie. 2. Aufl. BI-Wissenschaftsverlag, Mannheim, Wien, Zürich, 1985, S. 371

[7.12] Hagers Handbuch der pharmazeutischen Praxis, Bd. IV. (Hrsg. von List, P. H., Hörhammer, L.) Springer Verlag, Berlin, Heidelberg, New York, 1973, S. 257

[7.13] Steuer, R. O.: Myrrhe und Stakte. Verlag der Arbeitsgemeinschaft der Ägyptologen und Afrikanisten in Wien, Wien, 1933

[7.14] Paulys Realencyclopädie der classischen Altertumswissenschaft. 31. Halbband. J. B. Metzlersche Verlagsbuchhandlung, Stuttgart, 1933, S. 1134ff.

[7.15] Pernet, R.: Lloydia **35** (1972), 280

[7.16] Hoppe, H. A.: Drogenkunde, Bd. 1. De Gruyter Verlag, Berlin (West), 1975

[7.17] Dragendorff, G.: Die Heilpflanzen der verschiedenen Völker und Zeiten. Reprint Werner Fritsch, München, 1967

[7.18] Groom, N.: Frankincense and Myrrh. Longman, London and Librairie du Liban, Beirut, 1981

*

[8.1] Paulys Realencyclopädie der classischen Altertumswissenschaft. 31. Halbband. J. B. Metzlersche Verlagsbuchhandlung, Stuttgart, 1933, S. 1134ff.; Supplementband XV. A. Druckmüller Verlag, München, 1978, S. 700ff.

[8.2] Zohary, M.: Pflanzen der Bibel. Calwer Verlag, Stuttgart, 1983

[8.3] Sigismund, R.: Die Aromata in ihrer Bedeutung für Religion, Sitten, Handel und Geographie des Altertums bis zu den ersten Jahrhunderten unserer Zeitrechnung. Leipzig, 1884 (Reprint Leipzig, 1974)

[8.4] Schmidt, A.: Drogen und Drogenhandel im Altertum. J. A. Barth Verlag, Leipzig, 1924

[8.5] Van Beek, G. W.: Frankincense and Myrrh. In: The Biblical Archaelogist Reader, II. Ed. by E. F. Campbell and D. N. Freedman, New York, 1964

[8.6] Lohmeyer, E.: Vom göttlichen Wohlgeruch. Carl Winters Universitätsbuchhandlung, Heidelberg, 1919

[8.7] Müller, W. W.: Theolog. Quartalsschrift **149** (1963), 350

[8.8] Reinhardt, L.: Kulturgeschichte der Nutzpflanzen. E. Reinhardt Verlag, München, 1911

[8.9] Dümichen, J.: Die Flotte der ägyptischen Königin. J. C. Hinrichssche Buchhandlung, Leipzig, 1868

[8.10] Martinetz, D.: Gifte in unserer Welt. Arsenik, Curare, Coffein. 2. Aufl. Urania Verlag, Berlin, Jena, Leipzig, 1986; Aulis Verlag, Köln, 1986

[8.11] Bruce, J.: Zu den Quellen des Blauen Nils. (Hrsg. von H. Gussenbauer) Verlag Neues Leben, Berlin, 1986

[8.12] Fritze, H. v.: Die Rauchopfer bei den Griechen. Berlin, 1894

[8.13] Haran, M.: The Use of Incense in the Ancient Israelite Ritual, Vetus Testamentum X, 1960

[8.14] Publius Ovidius Naso: Metamorphosen. Verlag Philipp Reclam Jun., Leipzig, 1986

[8.15] Atchley, E. G. C. F.: A History of the Use of Incense in Divine Worship. Longmans, Green and Co., London, New York, Bombay, Calcutta, 1909

[8.16] Rosenthal, H.: Beiträge zur Kenntnis des Perubalsams. Dissertation. Philosophische Fakultät der Universität Bern, 1927

[8.17] Kroll, G.: Auf den Spuren Jesu. St. Benno Verlag, Leipzig, 1966

[8.18] Karger-Decker, B.: Besiegter Schmerz. Verlag Koehler u. Amelang, Leipzig, 1984

[8.19] Bergmark, M.: Lust und Leid durch Drogen. Wissenschaftliche Verlagsgesellschaft, Stuttgart, 1958

[8.20] Halbey, O.: Über das Olibanum. Dissertation. Philosophische Fakultät der Universität Bern, 1898

[8.21] Senn, G.: Die Ernte. Schweiz. Jahrb. **5** (1924), 161

[8.22] Tschirch, A.; Stock, E.: Die Harze. Gebr. Bornträger Verlag, Berlin, 1933–1936

*

[9.1] Krumm-Haller, A.: Vom Weihrauch zur Osmotherapie. W. Becker Verlag, Berlin, 1934

[9.2] Krumm-Haller, A.: Osmologische Heilkunde. Die Magie der Duftstoffe. R. Schikowski Verlag, Berlin, 1955

[9.3] Buchbauer, G.; Hafner, M.: Pharmazie in unserer Zeit **14** (1985), 8

[9.4] Vgl. zusammenfassend auch: Fährmann, H.-G.: Harze und ihre therapeutische Anwendung in der Medizin. Dissertation. Friedrich-Schiller-Universität, Jena, 1949

[9.5] Vgl. zusammenfassend auch: Paulys Realencyclopädie der classischen Altertumswissenschaft. Supplementband XV. A. Druckmüller Verlag, München, 1978, S. 700 ff.

[9.6] Vgl. zusammenfassend auch: Tschirch, A.: Handbuch der Pharmakognosie, Bde. 1.1. und 1.2. Chr. H. Tauchnitz, Leipzig, 1909/1910

[9.7] Ebers, G.: Papyros Ebers: Das Hermetische Buch über Arzneimittel der alten Ägypter. Leipzig, 1875; H. Joachim: Papyrus Ebers. Berlin, 1890

[9.8] Hippokrates: Sämtliche Werke. Übers. und comment. von R. Fuchs. Bde. 1–3. München, 1895–1900

[9.9] Goltz, D.: Studien zur altorientalischen und griechischen Heilkunde. Steiner Verlag, Wiesbaden, 1974

[9.10] Theophrast von Eresos: Historia plantarum, Causae plantarum. Auswahl griech. und deutsch, Ausgabe von W. Plankl, 1947

[9.11] Celsus, A. C.: De medica libri octo. Übers. und erklärt von E. Schneller. 2. Aufl. Braunschweig, 1906

[9.12] Dioskurides, P.: De Materia Medica. Hrsg. von M. Wellmann. Berlin, 1907–1914

[9.13] Galen: Die Werke des Galenos. Übers. und erläut. von E. Beintker und W. Kahlenberg. Bde. 1–5. Stuttgart, 1939–1954

[9.14] Plinius d. Ältere: Historia naturalis. Hrsg. von D. Detlefsen, 1866–1882

[9.15] Meyer, T.: Theodorus Priscianus und die römische Medizin. Jena, 1909

[9.16] Budge, E. A. W. (Ed.): Syrian anatomy, pathology and therapeutics or the book of medicines. Vol. 1–2. Oxford Univ. Press, London, 1913

[9.17] Moattar, F.: Ismāʾīl Gorgani und seine Bedeutung für die iranische Heilkunde, insbesondere die Pharmazie. Dissertation. Marburg, 1971

[9.18] Müller, J.: Die pflanzlichen Heilmittel bei Hildegard von Bingen. O. Müller Verlag, Salzburg, 1982

[9.19] Theophrast von Hohenheim gen. Paracelsus: Sämtliche Werke (14 Bde.). Hrsg. von K. Sudhoff, München und Berlin, 1929–1933

[9.20] Matthiolus, P. A.: New Kreuterbuch. Prag 1563, Frankfurt 1565

[9.21] von Haller, A.: Medicinisches Lexicon. Ulm, Frankfurt, Leipzig, 1755

[9.22] Pereira, J.: Handbuch der Heilmittellehre (deutsche Bearbeitung von R. Buchheim, 1842)

[9.23] Posner-Simon: Handbuch der spec. Heilmittellehre. 3. Aufl., 1859 (zit. nach [9.4])

[9.24] Clarus, G. L.: Handbuch der speciellen Arzneimittellehre, 1860

[9.25] Bently, R. C.; Trimen, L. K.: Medical Plants (4 Bde.). London, 1880

[9.26] Thenius, G.: Die Harze und ihre Produkte. A. Hartlebens Verlag, Wien, Pest, Leipzig, 1895

[9.27] Karsten, G.; Weber, U.: Lehrbuch der Pharmakognosie. Gustav Fischer Verlag, Jena, 1937

[9.28] Madaus, G.: Lehrbuch der biologischen Heilmittel, Bd. 3. Georg Thieme Verlag, Leipzig, 1938

[9.29] Hagers Handbuch der pharmazeutischen Praxis, Bd. III. (Hrsg. von List, P. H., Hörhammer, L.) Springer Verlag, Berlin, Heidelberg, New York, 1972

[9.30] Menon, M. K.; Kar, A.: Planta medica 1970, 333;
Kars, A.; Menon, M. K.: Life Sciences 8 (I) (1969), 1023

[9.31] Kirtikar, K. R.; Basu, B. P.: Indian Medicinal Plants. L. M. Basu, Allahabad, 2nd. Ed. Vol. I, S. 521 (1933)

[9.32] Kropp, A. M.: Ausgewählte koptische Zaubertexte. 1931

[9.33] Douval, H. E.: Magie und Toxikologie. Reihe: Bücher der praktischen Magie, Bd. VII. H. Bauer Verlag, Freiburg, 1955, S. 66 ff.

[9.34] Klages, L.: Vom kosmogonischen Eros. 2. Aufl., Jena, 1926, S. 37

[9.35] Zum Beispiel: Mitteilung von Dr. med. U. Balfanz, Nagold (BRD)

[9.36] Lohs, Kh.; Martinetz, D.: Naturwiss. Rundsch. 36 (1983), 97

[9.37] Martinetz, D.; Lohs, Kh.: Wissenschaft und Fortschritt 31 (1981), 225

[9.38] Lohs, Kh.: Sitzungsberichte der AdW der DDR 15/N (1980). Akademie-Verlag, Berlin, 1981

[9.39] Hartwell, J.: Lloydia 31 (1968), No. 2, 86

[9.40] Spencer, W. G. (Ed.): Celsus. De medicina. Harward Univ. Press, Cambridge, 1935–1938

[9.41] Wolff, J.: Die Lehre von der Krebskrankheit. 2. Aufl. G. Fischer Verlag, Jena, 1929

[9.42] Günther, R. T. (Ed.): The Greek herbal of Discorides. Oxford Univ. Press, Oxford, 1934

[9.43] Galen: Methodus medendus; De simplicium medicamentorum facultatibus; De compositione medicamentorum; De alimentorum facultatibus (zit. nach [9.39])

[9.44] Oribasus: Oeuvres d'Oribase. Vol. 1–6. L'Imprim Natl., Paris, 1851–1987

[9.45] Rose, V. (Ed.): Cassi Felicis de Medicina ex Graecis Logicae Sectae Auctoribus Liber Translatus. B. G. Teubner Verlag, Leipzig, 1879

[9.46] Rose, V. (Ed.): Plinius Secundi quae fertur una cum Gargilii Martialis Medicina. B. G. Teubner Verlag, Leipzig, 1875

[9.47] Frisk, G. (Ed.): A Middle English translation of Macer Floridus de Viribus Herbarum (Odo of Meung). Almquist and Wiksell, Uppsala, 1949

[9.48] Molbech, C. (Ed.): Henrik Harpestrengs Danske Laegebog. H. H. Thiele, Kopenhagen, 1826

[9.49] Dorveaus, P. (Ed.): L'Antidotaire Nicolas (Nicolaus Salernitanus). H. Wetter, Paris, 1896

[9.50] Wolff, J.: Die Lehre von der Krebskrankheit, Teil III b. G. Fischer Verlag, Jena, 1914

[9.51] Nicholas Myrepsus of Alexandria: Medicamentorum Opus. J. Oporinum, Basel, 1549

[9.52] de Mondeville, H.: Chirurgie de Maitre Henry de Mondeville. F. Alean, Paris, 1893

[9.53] Mahmud ibn Ilyas al-Shirazi: Le Livre de l'art du Traitment de Najm ad Dyn Mahmoud. Thesis, Paris, Beirut, 1902

[9.54] Nicaise, E.: La Grande Chirurgie de Guy de Chauliac. F. Alean, Paris, 1890

[9.55] Norrbom, S.: Das Gothaer mittelniederdeutsche Arzneibuch und seine Sippe. Druckerei-Gesellschaft Hartung, Hamburg, 1921

[9.56] Chouland, L. (Ed.): Macer Floridus de Viribus Herbarium una cum Walafridi Strabonis, Othonis Cremonensis et Ioannis Folcz; Sillig, J. (Ed.): Anonymi Carmen Graecum de Herbis. L. Vossius, Leipzig, 1832

[9.57] Bock, H. (H. Tragus): Kreutterbuch. J. Rihel, Straßburg, 1552, 1577

[9.58] Valdizan, H.; Maldonado, A.: La Medicina Popular Peruana. Vol. 1–3. T. Aguirre, Lima, 1922

[9.59] de Lima, A. P.: Ann. Fac. Farm. Porto 9 (1949), 5

[9.60] Nauroy, J.: Trav. Lab. Mat. Med. Pharm. Galén. Pharm. (Paris) 38 (1954), 1

[9.61] Nikonov, G. K. et al.: Aptechn. Delo 10 (1961), 71

[9.62] Ruel, J.: De Natura Stirpium. Frobeniana, Basel, 1543

[9.63] Matthioli, P. A.: Compendium de Plantis. Valgrisiana, Venice, 1571

[9.64] Stuart, G. A.: Chinese materia medica. American Presbyterian Mission Press, Shanghai, 1941

[9.65] Adams, F.: The seven books of Paulus Aegineta. Vol. 1–3. Sydenham Soc., London, 1844–1847

[9.66] Helmreich, G. (Ed.): Scribonii Largi Compositiones. B. G. Teubner Verlag, Leipzig, 1887

[9.67] Thorndike, L.: The herbal of Rufinus. Univ. of Chicago Press, Chikago, 1946

[9.68] Hoernle, A. F. R.: The Bower manuscript. sup. Gov. Printing, Calcutta, 1893–1912

[9.69] Avicienna: Canon; Vulnera et ulcera. (zit. nach [9.39])

[9.70] de Renzi, S.: Collectio Salernitana. Filiatre-Sebezio, Naples, 1852–1859

[9.71] Joachim, H.: Papyros Ebers. G. Reimer Verlag, Berlin 1890

[9.72] Drabkin, M. F.; Drabkin, I. E.: Caelius Aurelianus. Gynaeoia. Fragments of a Latin Version of Soranus, Gynaecia from a thirteenth century manuscript. Suppl. Bull. Hist. Med. 1 (1951), 1

[9.73] Sontheimer: Avicienna. Die Heilmittel der Araber. Herder Verlag, Freiburg, 1845

[9.74] Helmreich, G. (Ed.): Marcelli de Medicamentis Liber. B. G. Teubner Verlag, Leipzig, 1889

[9.75] Sigerist, H. E.: Studien zur Geschichte der Medizin Nr. 13. J. A. Barth Verlag, Leipzig, 1923

[9.76] Budge, E. A. W. (Ed.): Syrian anatomy, pathology and therapeutics or the book of medicines. Vol. 1–2. Oxford Univ. Press, London 1913

[9.77] Meddygon Myddfai. The physicians of Myddvai. J. Roderic, Llandoverly, 1861

[9.78] Petrus Hispanus: The treasuri of helth … of Petrus Hyspanus. Wyllyam Coplande, London, 1535

[9.79] Culpepper, N.: A physical directory. 3rd. Ed. Peter Cole, London; The complete herbal … to which are now first annexed, the English physician enlarged. T. Kelly, London, 1843

[9.80] Hofmann, K.; Auracher, T. M.: Romanische Forschungen 1 (1993), 49

[9.81] Schroder, J.: The compleat cymical dispensatory. London, 1669

[9.82] Sanguinetti, B. R.: J. Asatique 6 (1865), 378; 7 (1866), 289

[9.83] Pernet, R.: Lloydia 35 (1972), 280

[9.84] Abdel Wahab, S. M. et al.: Planta medica 53 (1987) 382

[9.85] Wagner, H.: Z. Phytotherapie 8 (1987) 135; Wagner, H., Kraus, U.: Z. Phytotherapie 8 (1987) 148

*

[10.1] Paulys Realencyclopädie der classischen Altertumswissenschaft. 31. Halbband. J. B. Metzlersche Verlagsbuchhandlung. Stuttgart, 1933, S. 1134 ff.

[10.2] Tschirch, A.: Handbuch der Pharmakognosie, Bde. 1.1. und 1.2. Chr. H. Tauchnitz, Leipzig, 1909/1910

[10.3] Lohs, Kh.; Martinetz, D.: Naturwiss. Rundsch. 39 (1985), 503; Wissenschaft und Fortschritt 35 (1985), 326

[10.4] Karger-Decker, B.: Besiegter Schmerz. Verlag Koehler und Amelang, Leipzig, 1984

[10.5] Fährmann, H.-G.: Harze und ihre therapeutische Anwendung in der Medizin. Dissertation. Friedrich-Schiller-Universität, Jena, 1949

[10.6] Theophrast von Hohenheim gen. Paracelsus: Sämtliche Werke (14 Bde.) Hrsg. von K. Sudhoff. München und Berlin, 1929–1933

[10.7] Lonitzer, A.: Kreuterbuch. Matthäus Wagner, Frankfurt, 1564

[10.8] Matthiolus, P. A.: New Kreuterbuch. Prag 1563, Frankfurt 1565

[10.9] Friedrich: Sammlung von Volksarzneimitteln (zit. nach [10.5]); Osiander, J. Fr.: Volksarzneymittel. Tübingen, 1826

[10.10] Hufeland, Ch. W.: Enchiridion medicum oder Anleitung zur medizinischen Praxis. Joans Verlagsbuchhandlung, Berlin, 1836

[10.11] Huebotter, F.: Beiträge zur Kenntnis der chinesischen sowie tibetanisch-mongolischen Pharmakologie. Verlag Urban und Schwarzenberg, Berlin und Wien, 1913

[10.12] Pereira, J.: Handbuch der Heilmittellehre (deutsche Bearbeitung von R. Buchheim, 1842)

[10.13] Kraus: Heilmittellehre. Göttingen, 1831 (zit. nach [10.5])

[10.14] Martinetz, D.; Lohs, Kh.: Naturwiss. Rundsch. **40** (1987), 85

[10.15] Schömann: Lehrbuch der Arzneimittellehre, 1857 (zit. nach [10.5])

[10.16] Lewin, L.: Die Fruchtabtreibung durch Gifte und andere Mittel. 4. Aufl. Georg Stilke Verlag, Berlin, 1925

[10.17] Posner-Simon: Handbuch der spec. Arzneiverordnungslehre. 3. Aufl. 1859 (zit. nach [10.5])

[10.18] Wasicky, R.: Lehrbuch der Physiopharmakognosie. Carl Fromme Verlag, Wien und Leipzig, 1929/1932

[10.19] Madaus, G.: Lehrbuch der biologischen Heilmittel, Bd. 3. Georg Thieme Verlag, Leipzig, 1938

[10.20] Zepernick, B.; Langhammer, L.; Lüdke, J. B. P.: Lexikon der offizinellen Arzneipflanzen. De Gruyter Verlag, Berlin (West), 1975

[10.21] Hoppe, H. A.: Drogenkunde, Bd. 1. De Gruyter Verlag, Berlin (West), 1975

[10.22] Ammon, H. P. T.; Kemper, F. H.: Med. Welt **33** (1982), 148

[10.23] Nadkarni, A. K. et al.: The Indian Materia Medica. Popular Book Depot, Bombay, 1954

[10.24] Bhagwan Dash, V.: Ayurvedic Treatment for Common Diseases. Delhi Diary Publ., New Delhi, 1974

[10.25] Satyavati, G. V.: Rheumatism **4** (1969), 141

[10.26] Amma, M. K. P. et al.: Ind. J. Physiol. and Pharmacol. **4** (1960), 267

[10.27] Satyavati, G. V. et al.: Paper presented at the 5th Natl. Seminar on Rheumatism in MML Centre for Rheumatic Diseases, New Delhi; Indian J. Med. Res. **57** (1969), 1950

[10.28] Mehta, V. L. et al.: Ind. J. Physiol. and Pharmacol. **12** (1961), 91

[10.29] Malhotra, C. L. et al.: Indian J. Med. Res. **58** (1970), 394

[10.30] Kapoor, N. K. et al.: Paper presented at Seminar on Disorder of Lipid Metabolism, New Delhi, Oct. 15th–16th, 1971

[10.31] Tripathi, S. N. et al.: J. Mol. and Cell Cardiol., Suppl. **1** (London) **10** (1978), 125

[10.32] Nityanand, S. et al.: Indian J. Exp. Biol. **11** (1973), 395

[10.33] Tripathi, Y. B. et al.: Planta medica, 1984, 78

[10.34] Meester, L. et al.: Planta medica 1979, 367

[10.35] Hartwell, J.: Lloydia **31** (1968), No. 2, 86

[10.36] Oribasus: Oeuvres d'Oribasa. Vol. 1–6. L'Imprim. Natl., Paris, 1851–1876

[10.37] Nicholas Myrepsus of Alexandria: Medicamentorum Opus. J. Oporinum, Basel, 1549

[10.38] Arias, H.; Costas, F.: Plantas Medicinales. Bibl. Pract., Buenos Aires, 1941

[10.39] Nikonov, G. K. et al.: Aptech. Delo **10** (1961), 71

[10.40] Soranus von Ephesus: Die Gynäkologie des Soranus Ephesus. J. F. Lehmann Verlag, München, 1894

[10.41] Sigerist, H. E.: Studien zur Geschichte der Medizin Nr. 13. J. A. Barth Verlag, Leipzig, 1923

[10.42] Mesue, J.: De Purgantium Medicamentorum Simplicum ... Book 2, De Simplicibis. Venice, 1589, Grabadin, 1589

[10.43] Leclerc, L.: Traité des Simples par Ibn el-Beithar. Notices et Ectraits des Manuscripts de la Bibl. Natl., Paris, 1877, 23; 1881, 25; 1883, 26

[10.44] Leclerc, L.: Histoire de la Medicine Arabe. Vol. 1–2. E. Leroux, Paris, 1876

[10.45] Budge, E. A. W. (Ed.): Syrian anatomy, pathology and therapeutics, or the book of medicines. Vol. 1–2. Oxford Univ. Press, London, 1913

[10.46] Fleischhacker, R. V. (Ed.): Lanfrank's „Science of Chirurgie". Early Engl. Text Soc., London, 1894

[10.47] Norrbom, S.: Das Gothaer mittelniederdeutsche Arzneibuch und seine Sippe. Druckerei-Gesellschaft Hartung, Hamburg, 1921

[10.48] The Grete Herball ... Peter Reveris, London 1525, 1561 (zit. nach [1035])

[10.49] Levey, M.: The medicinal formulary or Aqrabadhin of Al-Kindi. Univ. of Wisconsin Press, Madison, London, 1966

[10.50] Leyel, C. F.: Compassionate herbs. Faber and Faber, London, 1946

[10.51] Culpepper, N.: A physical directory. 3rd. Ed., Peter Cole, London; The complete herbal ... to which are now first annexed, the English physician enlarged. T. Kelly, London, 1843

[10.52] Joachim, H.: Papyros Ebers. G. Reimer Verlag, Berlin, 1890

[10.53] Meyer, T.: Theodorus Priscianus und die römische Medizin. G. Fischer Verlag, Jena, 1909

[10.54] Helmreich, G. (Ed.): Marcelli de Medicamentis Liber. B. G. Teubner Verlag, Leipzig, 1889

[10.55] Rose, V. (Ed.): Cassii Felicis de Medicina ex Graecis Logicae Sectae Auctoribus Liber Translatus. B. G. Teubner Verlag, Leipzig, 1878

[10.56] Alexander von Tralles. Vol. 1–2. W. Braumüller Verlag, Wien, 1878–1879

[10.57] Sontheimer: Avicienna. Die Heilmittel der Araber. Herder Verlag, Freiburg, 1845

[10.58] Petrus Hispanus: The treasuri of helth ... of Petrus Hyspanus. Wyllyam Coplande, London, 1535

[10.59] Wolff, J.: Die Lehre von der Krebskrankheit, Teil III b. G. Fischer Verlag, Jena, 1914

[10.60] Schramm, G.: Pharmazie **11** (1956), 730

[10.61] Wolff, J.: Die Lehre von der Krebskrankheit. 2. Aufl. G. Fischer Verlag, Jena, 1929

[10.62] Hofmann, K.; Auracher, T. M.: Romanische Forschungen **1** (1893), 49

[10.63] Tweedy, J.: Lanceti 1880, 582

[10.64] Sanguinetti, B. R.: J. Asiatique **6** (1865), 378; **7** (1866), 289

[10.65] Dymock, W. et al.: Pharmakographie Indica. Vol. 1–3. Education Soc. Press, Bombay, 1893

[10.66] School of Traditional Medicine. Medicinal Studies. Maha Makut Royal College Press, Bangkok, 1961

[10.67] Ainslie, W.: Materia medica of Hindostan. Gov. Press, Madras, 1813

[10.68] Scotti, G.: Flora medica della Provincia Como. C. Franchi, Como, 1872

[10.69] Scott, C.: Victory over cancer without radium or surgery. Methuen and Co., London, 1939

[10.70] Pernet, R.: Lloydia **35** (1972), 280

[10.71] Thenius, G.: Die Harze und ihre Produkte. A. Hartlebens Verlag, Wien, Pest, Leipzig, 1895

[10.72] Willuhn, G.: Deutsche Apoth.-Ztg. **127** (1987), 2511

*

[11.1] Johnston, F. W.: Philosophical Transactions 1839, 301

[11.2] Stenhouse, J.: Liebigs Ann. Chem. **35** (1840), 306

[11.3] Halbey, O.: Über das Olibanum. Dissertation. Philosophische Fakultät der Universität Bern, 1898;
Tschirch, A.; Halbey, O.: Arch. Pharm. **236** (1898), 487;
Tschirch, A.; Stock, E.: Die Harze. Gebr. Bornträger Verlag, Berlin, 1933–1936;
Tschirch, A.: Handbuch der Pharmakognosie. Chr. H. Tauchnitz, Leipzig, 1909;
Wehmer, C.: Die Pflanzenstoffe. Gustav Fischer Verlag, Jena, 1931;
Wolff-Berlin, H.: Die natürlichen Harze. Wissenschaftliche Verlagsgesellschaft, Stuttgart, 1928

[11.4] Winterstein, A.; Stein, G.: Hoppe-Seyler's Z. physiol. Chem. **208** (1932), 9;
Trost: Chem. Zentralblatt II (1937), 3759;
Ruzicka, L.; Wirz, W.: Helv. Chim. Acta 22 (1939), 132; **23** (1940), 132; **24** (1941), 248;
Beton, J. L. et al.: J. Chem. Soc. (London) 1956, 2904;
Simpson, J. C. E.; Williams, N. E.: J. Chem. Soc. (London) 1938, 686, 1712;
Klyne, W.; Stoke, W. M.: J. Chem. Soc. (London) 1954, 1979;
Huzii, K.; Osumi, S.: J. Pharm. Soc. Japan **60** (1940), 291;
Beaucourt, K.: Mh. Chem. **53/54** (1929), 897;
El-Khadem, H. et al.: Planta medica 1972, 157; Vgl. auch: [11.6] bis [11.8]

[11.5] Vertesy, L.: Untersuchung neutraler Sesqui- und Triterpene. Dissertation. Rheinische Friedrich-Wilhelms-Universität, Bonn; 1966;
Snatzke, G.; Vertesy, L.: Monatsh. Chem. **98** (1967), 121;
Vgl. auch: [11.11] bis [11.14], [11.18]

[11.6] Corsano, S.; Iavarone, C.: Gazz. chim. ital. **94** (1964), 328

[11.7] Corsano, S.; Picconi, G.: Ann. Chim. (Italy) **52** (1962), 802

[11.8]   Pardhy, R. S.; Bhattacharyya, S. C.: Indian J. Chem. **16** B (1978), 174, 176
[11.9]   Fährmann, H.-G.: Harze und ihre therapeutische Anwendung in der Medizin. Dissertation. Medizin. Fakultät der Friedrich-Schiller-Universität, Jena, 1949
[11.10] El-Khadem, H.; Megahed, M. M.: J. Chem. Soc. (London) 1956, 3953;
         Jones, J. K.; Nunn, J. R.: J. Amer. Chem. Soc. **77** (1955), 5745;
         Malandkar, M. A.: J. Indian Inst. Sci. **8** A (1925), 240
[11.11] Corsano, S.; Nicoletti, R.: Tetrahedron **23** (1967), 1977; **24** (1968), 6512
[11.12] Forcellese, M. L. et al.: Tetrahedron **28** (1972), 325
[11.13] Nicoletti, R. et al.: Tetrahedron **24** (1968), 6519
[11.14] Forcellese, M. L. et al.: Tetrahedron Letters **39** (1973), 3783
[11.15] Strappaghetti, G. et al.: Bioorganic Chemistry **11** (1982), 1
[11.16] Obermann, H.: Dragoco Report 1977, 260
[11.17] Klein, E.; Obermann, H.: Tetrahedron Letters 1978, 349
[11.18] Pardhy, R. S.; Bhattacharyya, S. C.: Indian J. Chem. **16** B (1978), 171
[11.19] Kurbatov, A.: Liebigs Ann. Chem. **173** (1874), 1
[11.20] Fromm, E.; Autin, E.: Liebigs Ann. Chem. **401** (1913), 253
[11.21] Fromm, E.; Klein, R.: Liebigs Ann. Chem. **425** (1921), 213
[11.22] Blumann, A.; Schulz, L.: Liebigs Ann. Chem. **478** (1930), 303
[11.23] Gildemeister, E.; Hoffmann, F.: Die Ätherischen Öle, Bd. V. Akademie-Verlag, Berlin, 1959
[11.24] Hegnauer, R.: Chemotaxonomie der Pflanzen, Bd. III. Birkhäuser Verlag, Basel, 1964, S. 310;
         Pernet, R.: Lloydia **35** (1972), 280;
         Karrer, W.: Konstitution und Vorkommen der organischen Pflanzenstoffe Nr. 48, 54, 316, 566, 1879, 1986, 2015, 2017. Birkhäuser Verlag, Basel, Stuttgart, 1958;
         W. Foerst in Ullmanns Encyclopädie der technischen Chemie. 3. Aufl., Bd. 6 (1955), S. 70; Bd. 8 (1957), S. 393; Bd. 14 (1963), S. 711, 719. Verlag Urban und Schwarzenberg, München, Berlin;
         Higazy, S. A. et al.: Egypt. J. Food Sci. **1** (1973), 203; **2** (1974), 29;
         Wallach, O.: Liebigs Ann. Chem. **252** (1889), 100; **271** (1892), 297;
         Berichte Schimmel April 1914, S. 96;
         Haensel, H.: Chem. Zentralblatt 1908, I, 18, 1837; 1908, II, 1437;
         Vgl. auch: [11.2; 11.16; 11.17; 11.19–11-22; 11.25; 11.26: 11.28]
[11.25] Yates R. L.; Wenninger, J. A.: Journal of the AOAC **53** (1970), 941
[11.26] Obermann, H.: Dragoco Report 1978, 55
[11.27] Simonsen, J. L.: Chemist and Druggist **98** (1923), 906
[11.28] Bhargava, P. P.; Chowdhri, B. L.: Perfumery and Essential Oil Records **54** (1963), 740
[11.29] Roberts, O. D.: J. Soc. chem. Ind. **42** T (1923), 486
[11.30] Bachstedt, M.; Cavallini, C.: Farmaco Sci e Tec. **1** (1946), 254
[11.31] Strappaghetti, G. et al.: Phytochemistry **21** (1982), 2114
[11.32] Proietti, G.; Strappaghetti, G.; Corsano, S.: Planta medica 1981, 417

[11.33] Pailer, M. et al.: Monatsh. Chem. **112** (1981), 341; **112** (1981), 595; **112** (1981), 987

[11.34] Hagers Handbuch der pharmazeutischen Praxis, Bd. III. (Hrsg. von List, P. H., Hörhammer, L.) Springer Verlag, Berlin, Heidelberg, New York, 1972

[11.35] Fattorusso, E. et al.: Phytochemistry **24** (1985), 1035

[11.36] Higazy, S. A. et al.: Egypt. Food Sci. **1** (1973), 203; **2** (1974), 29

[11.37] Peyron, L. et al.: Paper No. 95, Internat. Congress of Essential Oils, Cannes 1980

[11.38] Abdel Wahab, S. M. et al.: Planta medica **53** (1987), 382

[11.39] Provan, G. J. et al.: Flavour and Fragrance Journal **2** (1987), 115

[11.40] Klein, E., Obermann, H.: VII Int. Congr. of Essential Oils, October 7—11, 1977, Kyoto, pp. 400

[11.41] Peyron, L. et al.: Rivista Ital. Essence, Profumi, Piante off., Saponi **60** (1981), 133

[11.42] De Rijke, D. et al.: Phytochemistry **17** (1978), 1664; Perfumer and Flavorist **7** (1982), 1, 31

[11.43] Maupetit, P.: Perfumer and Flavorist **9** (1985), 6, 19

*

[12.1] Wehmer, C.: Die Pflanzenstoffe. Gustav Fischer Verlag, Jena, 1931;
Madaus, G.: Lehrbuch der biologischen Heilmittel. Georg Thieme Verlag, Leipzig, 1938

[12.2] Tschirch, A.; Bergmann, W.: Arch. Pharm. 1905, 641;
Tschirch, A.; Stock, E.: Die Harze. Gebr. Bornträger Verlag, Berlin, 1933–1936

[12.3] Gildemeister, E.; Hoffmann, F.: Die Ätherischen Öle, Bd. V. Akademie-Verlag, Berlin, 1959

[12.4] Wenninger, J. A.; Yates, R. L.: Journal of the AOAC **52** (1969), 1155;
Vgl. auch:
Regan, A. F.; Andrews, B. R.: J. Chromat. **31** (1967), 209;
Nigam, I. C.; Levi, L.: J. Chromat. **23** (1966), 217; **34** (1968), 85

[12.5] Ikeda, R. M. et al.: J. Food Sci. **27** (1962), 455

[12.6] Hoppe, H. A.: Drogenkunde, Bd. 1. De Gruyter Verlag, Berlin (West), 1975

[12.7] Craveiro, A. et al.: Planta medica 1983, 97

[12.8] v. Friedrichs, O.: Arch. Pharm. 1907, 427

[12.9] Tucholka, W.: Arch. Pharm. 1897, 289

[12.10] Thomas, A. F. et al.: Experientia **16** (1960), 62; Tetrahedron **15** (1961), 212; **16** (1961), 264; Tetrahedron Letters 1964 (43), 3177

[12.11] v. Bolton, W.: Z. f. Elektrochem. 1908, 211

[12.12] Buchner, G.: Der Parfümeur 1933 (43), 777

[12.13] Mincione, E.; Iavarone, C.: Chim. Ind. (Milano) **54** (1972), 424, 525

[12.14] Köhler, O.: Arch. Pharm. **228** (1890), 291

[12.15] Lewinsohn, K.: Arch. Pharm. **244** (1906), 412

[12.16] Trost, F.; Doro, B.: Ann. Chim. Applicata **26** (1936), 126

[12.17] Cagnoli, B. N.; Ceccherelli, P.: Ann. Chim. (Italy) **58** (1968), 541

[12.18] Bhati, A.: J. Indian Chem. Soc. **27** (1950), 436;

Patil, V. D. et al.: Tetrahedron **28** (1972), 2341; **29** (1973), 341;
Bose, S.; Gupta, K. C.: Indian J. Chem. **2** (1964), 57; **4** (1966), 87;
Tripathi, Y. B. et al.: Planta medica 1984, 78;
Meester, L. et al.: Planta medica 1979, 367

[12.19] Provan, G. J.; Watermann, P. G.: Planta medica 1985, 271

[12.20] Brieskorn, C. H.; Noble, P.: Tetrahedron Letters **21** (1980), 1511

[12.21] Brieskorn, C. H.; Noble, P.: Phytochemistry **22** (1983), 187

[12.22] Brieskorn, C. H.; Noble, P.: Phytochemistry **22** (1983), 1207

[12.23] Brieskorn, C. H.; Noble, P.: Planta medica 1982, 87

[12.24] Hagers Handbuch der pharmazeutischen Praxis, Bd. IV. (Hrsg. von List, P. H., Hörhammer, L.) Springer Verlag, Berlin, Heidelberg, New York, 1973

[12.25] Provan, G. J.; Waterman, P. G.: Phytochemistry **25** (1986), 917

[12.26] Guenther, E.: Amer. Perfum. **46** (1944) Jan., 43; Oil of Myrrh in: The Essential Oils. Vol. IV. D. van Nostrand, Princetown, New Jersey, 1950

[12.27] Maradufu, A.: Phytochemistry **21** (1982), 677

[12.28] Wilson, R. A.; Mookherjee, B. D.: Paper No. 400, Internat. Congress of Essential Oils, Singapure 1983

[12.29] Delay, F.; Ohloff, G.: Helv. chim. Acta **62** (1979), 369

[12.30] Provan, G. J. et al.: Flavour and Fragrance Journal **2** (1987), 109

[12.31] Provan, G. J. et al.: Flavour and Fragrance Journal **2** (1987), 115

*

[13.1] Janzen, J.; Scholz, F.: Die Weihrauchwirtschaft Dhofars (Sultanat Oman). Innsbrucker Geogr. Studien **5** (1979), 501–540;
Janzen, J.: Südarabien, Ost-Dhofar-Gewinnung von Weihrauch-Harz. Film E 2527 des IWF, Göttingen. Publikation von J. Janzen, Publ. Wiss. Film, Sek. Ethnologie, Ser. 9, Nr. 53 (1979), 16 S.;
Janzen, J.: Die Geschichte des Weihrauchbaumes und die Weihrauchstraße von Dhofar bis Ägypten, Griechenland und Rom (auf arabisch). In: 23 yulyu (23. Juli) **1** (1980), 1, 21–24;
Janzen, J.: Die Nomaden Dhofars/Sultanat Oman. Traditionelle Lebensformen im Wandel. Bamberger Geogr. Schriften **3** (1980), 115–118;
Janzen, J.: Dhofar: Vom Weihrauch zum Erdölland. Orient **23** (1982), 4, 600–649

[13.2] Kempthorne. G. B.: Description of the Frankincense-Tree (As found near Cape Gardafoi, on the Somali Coast). Pharmaceutical Journal and Transactions **5** (1845), IV, 37–38;
Carter, H. J.: A description of the Frankincense Tree of Arabia with remarks on the misplacement of the „Libanophorus Region" in Ptolemy's Geography. Journal of the Bombay Branch of the Royal Asiatic Society XI (1847), 380–390;
Bent, J. Th.: Exploration of the frankincense country, Southern Arabia. Geographical Journal VI (1895), 2;
Bricchetti, L. R.: Nel Paese degli Aromi (1903), Milano;
Thomas, B. Arabia Felix (1932), London;
Scortecci, G.: Viaggio di esplorazione biologica sulle montagne della Migiurtinia ... Bollettino del Musei e degli Istituti Biologici

dell'University di Genova. XXV (1953–55) N. 158–160, Sezione Biologia Animale. Genova;

German Planning and Economic Advisory Group, Dr. Hendrikson: Report on Production and Marketing of Gums and Resin in Somalia (1968);

Groom, N.: The Frankincense Region. Proceedings of the Seminar for Arabian Studies 7 (1977), 79–89;

Groom, N.: Frankincense and Myrrh. A Study of the Arabian Incense Trade. London, 1981

[13.3] Bergström, T. et al.: Domestication of frankincense trees. Travel Report (1982), 11

[13.4] German Planning and Economic Advisory Group, Dr. Hendrikson: Report on Production and Marketing of Gums and Resins in Somalia (1968), 13–14

[13.5] Janzen, J.; Scholz, F.: Die Weihrauchwirtschaft Dhofars (Sultanat Oman). Innsbrucker Geogr. Studien 5 (1979), 501–540;

Elgassani, A. S.: Dhofar. The Land of Frankincense (o. J./nach 1980)

230

233

235